AXELLE BRULPORT
ET JEAN-BERNARD PAILLISSER

SPORTS ET ALTITUDE

Mieux comprendre l'altitude pour optimiser sa préparation et ses performances

@mphora
27, rue Saint-André-des-Arts - 75006 PARIS

« Après les brumes, où commence le ciel

Où les aigles reculent, où manque l'oxygène. »

Jean-Jacques GOLDMAN

À Emmanuel Cauchy, alias « Docteur Vertical »,
emporté par une avalanche le lundi 2 avril 2018.

« Nous tenons à saluer avec émotion la mémoire du médecin urgentiste, du chercheur, de l'entrepreneur et de l'écrivain pour l'ensemble des projets qu'il a mené, pour son énergie et sa bonne humeur communicative, ainsi que pour les discussions passionnantes que nous avons eues au sujet de l'hypoxie et de la médecine de montagne lors de l'élaboration de ce livre. »

Les auteurs

Couverture : Thibault Panfili - Amphora

Mise en page : Artemishqc.com

Photos de couverture : Fotolia - Coureur : © Maridav, Basketteur : © Masisyan, Alpiniste : © Anton Shulgin, Paysage : © Ivan Kmit

Photos intérieures : p.22 : Adrien-Voituriez - Fotolia - p.34 : © mbolina, p.80 : © Syda Productions, p. 112 : © adrian_ilie825, Tente incrustée p.56 : © nerthuz

Relecture : Hélène Fitamant Gaudin

Imprimé en Europe par Sagrafic S.L - Pasaje Carsi n°6 - 08025 Barcelona

ISBN 978 275 760 330 7

SOMMAIRE

PRÉFACE

L'altitude, un symbole dans les esprits

Évoquer l'univers de l'altitude et du sport, c'est d'abord faire surgir un symbole dans les esprits : l'Everest.

Rappelons-nous ces Britanniques au XIXe siècle qui avaient inventé « le plus haut sommet du monde » en mesurant les 8 850 mètres du mont Chomolangma, avant de le rebaptiser du nom de Sir George Everest, le patron de la National Geographic Society en Inde. Ils s'attelleront ensuite à le conquérir. Ainsi, en 1924, les alpinistes Irvine et Mallory, en vêtements de tweed, chapeau mou et bandes molletières, équipés de systèmes à oxygène de plus de quinze kilos, dépasseront l'altitude de 8 500 mètres en direction du sommet avant de disparaître à jamais dans les nuages. Lors d'une tentative précédente dans ces hauteurs extrêmes, George Leigh Mallory avait écrit : « Ça ressemble plus à la guerre qu'à du sport » ! Cette cordée avait-elle atteint le sommet du monde ? La question restera une énigme.

Les scientifiques de l'époque étaient persuadés que le corps ne pouvait plus se mouvoir à 8 000 mètres sans aide extérieure, et que l'altitude assurément tuait. En 1875, trois de ces chercheurs, français, avaient en effet tenté le record d'altitude à bord du Zénith, un ballon expérimental à hydrogène. Le seul survivant, Gaston Tissandier, écrira plus tard : « Bientôt, je ne peux plus bouger, sans me rendre compte que je n'ai plus ma capacité motrice. Vers 7 500 mètres, la torpeur que l'on éprouve est extraordinaire. Le corps et l'esprit s'affaiblissent petit à petit, progressivement, inconsciemment… Je voulus saisir le tube à oxygène mais ne pus même pas lever le bras. Mon esprit cependant restait toujours clair et je regardais toujours le baromètre… J'essayais de crier : nous sommes à 8 000 mètres, mais ma langue était paralysée. Tout d'un coup je fermai les yeux et tombai inerte, perdant tout à fait conscience. » Ses deux camarades, Théodore Sivel et Joseph-Eustache Crocé-Spinelli n'avaient pas survécu aux effets de l'altitude.

La haute altitude a toujours été un handicap même pour les plus entraînés, l'homme n'étant pas fait pour fonctionner sans oxygène et dans des conditions aussi extrêmes. On se souvient de l'épopée de Maurice Herzog et Louis Lachenal à l'Annapurna (8 091 mètres) en 1951, qui ont sacrifié les mains et les pieds à la gloire de la France. L'altitude est même la première cause de mortalité pour ceux qui s'aventurent, avec ou sans oxygène complémentaire en bouteille, dans ce monde d'en haut que l'alpiniste Reinhold Messner surnommait la « zone de la mort ». Everest, entre fascination et effroi… Ce sommet des sommets est vraiment celui qui permet de transcender l'expérience habituelle de la montagne.

L'altitude est également devenue un outil de préparation des sportifs de haut niveau. Au même titre que l'escalade est redescendue de la montagne pour s'ancrer au cœur des cités avec les SAE (structures artificielles d'escalade), que la plongée sous-marine est remontée des océans avec les fosses d'apnée, que la chute libre est descendue du ciel avec les souffleries… Les technologies modernes permettent aujourd'hui de reproduire dans les villes les conditions d'environnements naturels particuliers. Ainsi, des caissons de décompression en laboratoires médicaux et des salles hypoxiques recréent fidèlement les effets de l'altitude avec une faible concentration en oxygène (O_2). Ces installations offrent de nombreux avantages aux alpinistes et athlètes : gain de temps, proximité, acclimatation sans risque du terrain, assurance de la maîtrise d'un programme scientifique, analyse de la réponse physique du sportif, suivi médical permettant d'adapter sa préparation. Localisées en ville, il sera aussi plus facile d'y associer un ensemble d'autres infrastructures sportives facilitant les entraînements techniques aux disciplines concernées, qui sont inexistantes en montagne.

Avec ces machines qui reproduisent les effets de l'altitude, il est possible de se retrouver en quelques minutes à pédaler au sommet du mont Blanc, voire plus haut, équipé des capteurs d'enregistrement de la saturation en oxygène dans le sang, de la ventilation, du rythme cardiaque. De la même façon qu'un stage en montagne ou que les injections d'EPO (érythropoïétine), connues dans le sport de compétition et proscrites aujourd'hui car considérées comme un dopage, des séances en salle hypoxique amènent le corps à fabriquer l'EPO qui stimule la production de globules rouges par la moelle osseuse. Les effets sont bénéfiques dans la préparation des athlètes en les aidant à réaliser de meilleures performances avec une amélioration en particulier de leurs capacités respiratoires. Pour autant, les controverses existent entre les partisans et les opposants de ce mode d'entraînement en environnement artificiel.

À titre personnel et tout à fait modestement, n'étant pas un athlète de haut niveau, l'amoureux de la nature et le guide de montagne que je suis toujours resté est convaincu que rien ne vaut un séjour de ressourcement et d'acclimatation en altitude « grandeur nature », avec une immersion dans un milieu plus attrayant et dans un environnement loin des pollutions urbaines.

Cet étonnant laboratoire qu'est l'altitude permet donc d'étudier l'hypoxie et ses mécanismes, d'autant que les capacités de tolérance au manque d'oxygène sont très variables selon les individus : « Nous ne sommes pas égaux devant l'altitude », expliquait le professeur Richalet du CHU de Bobigny et de l'université Paris XIII. Le cas des Tibétains qui naissent, vivent et travaillent à de très hautes altitudes depuis des milliers d'années est particulièrement intéressant puisqu'ils possèdent des caractéristiques génétiques propres à leur ethnie et qui sont reconnues par les scientifiques comme l'un des exemples marquants de mutation-sélection naturelle. En quelque sorte une acclimatation naturelle permanente.

La physiologie dans cet environnement où il est difficile de respirer est en effet l'objet de recherches approfondies depuis des décennies, notamment par le professeur Richalet et par le docteur Herry, médecin de l'ENSA (École nationale de ski et d'alpinisme) qu'a bien connu Jean-Bernard Paillisser, coauteur du présent ouvrage avec Axelle Brulport, lorsqu'il était directeur de cet établissement, fleuron du ministère des Sports. Les résultats de ces études trouvent leur champ d'application d'abord chez les alpinistes et trekkeurs en partance pour la haute altitude ; un service très utile en ces temps de démocratisation de l'himalayisme et des expéditions commerciales où les grands sommets sont devenus de véritables produits de consommation. Dans le champ médical également avec les maladies concernées par les déficiences en oxygène telles que les atteintes cardio-vasculaires.

De l'altitude des alpinistes, aventuriers et trekkeurs qui partent à la conquête des sommets, à l'altitude des athlètes qui partent à la conquête de titres et de médailles, en passant par l'altitude des laboratoires médicaux et de recherche qui les accompagnent avec les programmes de préparation et de suivi, ce thème transversal, passionnant, qui conserve encore ses mystères, justifie à lui seul cet ouvrage *Sports et Altitude*, qui vient s'inscrire utilement dans la bibliographie déjà existante.

Serge KOENIG

Alpiniste et expert de la Chine,
vainqueur de l'Everest (1988)

1

LA « TENTATION » DE L'ALTITUDE : POURQUOI ? COMMENT ?

Ce chapitre est une entrée en matière portant sur les rapports historiques entre le sportif, la recherche et la médecine. Au cœur de la question scientifique posée, c'est bien la recherche de la performance qui est ciblée. Jusqu'où peut-on prétendre l'atteindre ? Les apports de l'altitude sont-ils toujours déterminants pour tous les organismes ? L'exposition à l'altitude ne nécessite-t-elle pas un apprentissage préalable (acclimatation, acclimatement, progressivité de l'entraînement), un suivi médical spécifique ?

À la recherche permanente d'une solution-miracle, les sports ont progressivement investi l'altitude sans mettre fin aux mythes : l'altitude n'importe où, n'importe comment, n'importe quand ?

Aujourd'hui, malgré les incertitudes de la problématique, plusieurs « écoles » se mettent en place dans notre pays, soit en valorisant par leurs travaux les retombées de l'hypoxie, soit en donnant la préférence à l'hypoxie naturelle sur l'hypoxie artificielle, ou l'inverse.

L'entraînement en altitude est devenu un outil comme un autre, mais n'a pas dévoilé tous ses mystères.

La « tentation » de l'altitude

La tentation de l'altitude influence encore et toujours le monde sportif moderne et notre société. Les propriétés que l'on prête à l'altitude ne sont-elles pas synonymes de performance, de revitalisation, de volonté de puissance ? C'est vers ce cadre naturel et ce vaste espace de liberté qu'incarne la montagne que l'homme s'est tourné pour tenter de décupler ses forces et son potentiel physique.

Au début du siècle dernier, Georges Hébert préconisait dans sa *Leçon-type d'entraînement* que chaque séance comporte un « bain d'air » dont la durée varierait selon les circonstances atmosphériques et l'état d'endurcissement ou d'entraînement des sujets.

Ces dernières années, les recherches ont succédé aux expériences tendant à décrypter dans le menu détail les limites du comportement humain en altitude.

Pour gagner du temps sur le temps et accessoirement des globules rouges censés faire la différence, des stages d'oxygénation sont nés, puis leur ont succédé des stages « commando » très en vogue dans les sports collectifs. Des chambres ou des tentes hypoxiques, des engins comme l'AltiTrainer ont pris la relève depuis… Pour quels résultats ?

Le naturel a rejoint l'artificiel avec l'assentiment du pouvoir sportif international et à la satisfaction du sport professionnel.

Dans un monde où toutes les recettes pour briller sont âprement recherchées et mises à prix, la montagne et les hauts plateaux constituent encore des laboratoires potentiels et des terrains de jeux privilégiés pour les sportifs. On s'y entraîne dur en jouant avec la dette d'oxygène toujours plus oppressante et des croyances que la science ne valide pas toujours.

C'est dans ce cadre bouleversé par la technologie qu'il est possible de donner aux lecteurs des éditions Amphora les derniers éclairages synthétisés sur la question.

Ce livre s'adresse donc *a priori* à trois clientèles ciblées : la population soucieuse de son bien-être et de sa santé, le monde sportif (entraîneurs, sportifs de haut niveau et sportifs de tout niveau) et les acteurs de la montagne, montagnards ou non (alpinistes, trekkeurs, randonneurs) susceptibles de tester leurs aptitudes physiques ou leurs connaissances dans ce domaine.

La longue marche de l'empirisme

Le poète et humaniste italien Pétrarque (1304-1374) déjà au XIIIe siècle, dans son entreprise d'ascension du Ventoux, note avec enthousiasme : « J'ai fait aujourd'hui une ascension sur la plus haute montagne de cette contrée que l'on nomme avec raison le Ventoux, guidé uniquement par le désir de voir la hauteur extraordinaire du lieu. Depuis plusieurs années, je nourrissais ce projet, car, dès mon enfance, comme vous le savez, j'ai été mené dans ces lieux par le destin qui mène les choses humaines. Cette montagne, que l'on découvre au loin de toutes parts, est presque toujours devant les yeux… »

L'idéologie sportive attribue souvent à deux entraîneurs avant la lettre, Amoros et Hébert, les repères-clés de l'entraînement moderne. Quelle place occupe l'altitude dans leurs travaux ?

Le premier, véritable fondateur de la gymnastique moderne et formateur de militaires, ne semble pas évoquer l'altitude dans ses nombreux écrits pédagogiques.

Hébert, lui, encourage dans sa *Leçon-type d'entraînement* l'exercice à l'air pur en précisant : « La leçon-type comporte de plus un bain d'air, d'une durée variable suivant les circonstances atmosphériques, et des soins de la peau pendant ou après le travail. En règle générale, elle a lieu au grand air ou, en cas d'impossibilité, dans un endroit bien géré. »

En 1922, le milieu médical britannique s'interroge sur la meilleure manière de vaincre l'Everest (8 820 mètres) avec ou sans ballon d'oxygène. La science vient au secours de l'initiative sportive du monde de l'alpinisme car ce défi prend le caractère d'un challenge national. Dans un livre intitulé *L'assaut du mont Everest* du Général C. G. Bruce et de son équipe, la haute altitude inquiète du fait de la baisse de la pression en oxygène.

Faut-il tolérer que les grimpeurs soient pourvus en oxygène ? L'éthique sportive d'alors semble s'y opposer. Pourquoi pas, conclut le Comité du mont Everest non sans s'être divisé sur la question de l'utilisation de l'oxygène pour la première fois. De plus, à cette époque, les appareils à oxygène sont lourds, 15 kilos au moins, ce qui constitue un petit défi physique et technologique.

Il ressort de ces travaux deux conclusions :

- L'hypoxie limite la performance physique. Il fallait donc trouver le moyen de concilier un équipement lourd et un effort de longue durée.
- La désaturation du sang en oxygène entraîne une hyperventilation qu'il faut rythmer à raison de 10 respirations par pas.

En dépit de ces travaux militant pour l'utilisation de l'oxygène – une première –, l'expédition échouera à 500 mètres de l'objectif. Comme le reconnaîtront, en 1978, les vainqueurs de l'Everest, Messner et Habeler, c'est bien l'hyperventilation qui entraîne une impression d'épuisement extrême. En effet, il a été noté que l'altitude diminue la fréquence cardiaque maximale d'environ un battement par minute tous les 100 mètres à partir de 1 200 mètres.

Il faut compter aussi sur la communication faite par le docteur William Marcet en 1887 devant le Club alpin de Londres qui traitait « De l'usage des stimulants alcooliques dans les courses de montagne ». Cette étude fut publiée la même année par *L'Écho des Alpes*.

Dans les années 1950, les mal-nommés « stages d'oxygénation » prennent le relais des idéologues sportifs. Ils intéressent essentiellement les footballeurs professionnels et certains rugbymen.

Or, comme le constate Véronique Billat : « On ne s'oxygène pas en altitude mais on favorise une polyglobulie (fabrication de globules rouges permettant de transporter plus d'oxygène par litre de sang). »

Certaines précautions sont donc à prendre. La plupart feront l'objet de développements au cours de l'ouvrage. Il convient donc de ne pas monter trop haut trop vite (500 mètres par jour au-delà de 4 000 mètres constituent une limite raisonnable).

Autre source de confusion, la relation entre le mal aigu des montagnes (MAM) associé à la condition physique et la VO_2max. Le MAM traduit une acclimatation incomplète et insuffisante à l'altitude, alors que la VO_2max représente un indicateur de performance que le sportif peut utiliser selon ses capacités et ses objectifs de compétition. La croissance de la VO_2max dépend étroitement de la qualité des adaptations physiologiques. Les chercheurs s'accordent à dire que la réponse de l'organisme est proportionnelle à l'altitude et à l'intensité de l'entraînement.

Mais ce sont bien les XIXes Jeux olympiques de Mexico qui confrontent les athlètes aux avantages et aux inconvénients de l'altitude. Pour les préparer, la France investit Font-Romeu, situé en moyenne à 1 850 mètres d'altitude, dont la fréquentation par les délégations françaises et étrangères va croissant.

Comme le notent les auteurs de *L'entraînement en altitude*, Chantal Réga et José Marajo (Collection entraînement, INSEP, 1981) : « L'entraînement en altitude est devenu un mode de préparation moderne, répandu dans le monde sportif actuel très soucieux d'efficacité, et de nombreux pays compétitifs au plus haut niveau y ont recours. »

Les auteurs enregistrent cependant dans leur étude sur Font-Romeu une certaine réticence de la part des sportifs français qui semblent fréquenter de moins en moins dans les années 1980 le centre de Font-Romeu. Cette tendance s'est bien inversée depuis.

Sans entrer dans le détail d'informations ressortant de techniques médicales, la suroxygénation, qui se définit comme l'inhalation d'une quantité excessive d'oxygène, lors de l'emploi thérapeutique, d'un loisir sportif ou d'un travail en profondeur, n'est pas abordée dans cet ouvrage dans la mesure où elle ressort davantage du domaine médical que purement sportif.

Ses applications nombreuses en milieu médical ont donné lieu à débat et à un type de pratique médicale très encadrée, dénommée l'oxygénothérapie. À défaut d'être traité, ce sujet ne peut être ignoré.

Pour faire court, la capacité de notre organisme accepte une pression partielle d'oxygène comprise entre 170 hPa [1] et 500 hPa. Au-delà de cette limite, le sujet se trouve en situation d'hyperoxie.

Cette exposition excessive et durable à l'oxygène peut être la source de troubles et d'altérations pulmonaires et inflammatoires plus ou moins graves (cas affectant des plongeurs excédant la profondeur maximale autorisée en plongée sous-marine).

L'oxygène, de par sa composition, n'est donc pas forcément toujours l'alliée du sportif que l'on croit.

L'hypoxie au service de l'entraînement

Les premiers travaux de recherche et les expérimentations menées portent essentiellement sur l'augmentation de la fréquence respiratoire, le fonctionnement du système circulatoire, le transport de l'oxygène et la lactatémie.

Dans la période récente, c'est autour des adaptations physiologiques améliorant le transport et l'utilisation de l'oxygène et leurs effets sur la performance que se concentrent désormais les études des chercheurs. On compterait depuis les JO de Mexico, selon Charles-Yves Guezennec, chercheur au Laboratoire européen Performance Santé Altitude de Font-Romeu, plus de 538 études référencées sur PubMed.

Selon ce dernier, les adaptations hématologiques (augmentation de la concentration des érythrocytes, de l'hémoglobine et de l'EPO) ont été déterminantes pour conclure à une amélioration des performances. D'autres adaptations non hématologiques (musculaires, métaboliques, ventilatoires) ont été relevées par d'autres chercheurs (Gore *et al.*, *Medecine & Science in Sport & Exercice*, 2007 [2]).

1 Le symbole hPa définit la pression atmosphérique moyenne en fonction de l'altitude, de – 500 à 12 400 mètres.

2 C. J. Gore, K. Sharpe, L. A. Garvican-Lewis, P. U. Saunders, « *Non hematological mechanisms of improved sea-level performance after hypoxic exposure* », *Medicine & Science in Sports & Exercise*, septembre 2007.

À n'y prendre garde, l'analyse primaire et un peu partiale de ces facteurs donnerait un avantage à l'exposition à l'hypoxie, mais peut-on tirer une règle générale valorisant cette méthode d'entraînement rejetée ou mal gérée par certains organismes ? La réaction individuelle doit donc être au centre de la conception des programmes d'entraînement.

L'entraînement en altitude n'est pas forcément la panacée ni la garantie d'un produit ou d'un résultat miracle. On a souvent dit ou laisser croire que ses effets étaient plus efficients dans les sports d'endurance comme le cyclisme, le ski de fond, la course à pied ou l'alpinisme. Mais bien d'autres disciplines sportives s'intéressent ou investissent dans l'hypoxie. À titre d'exemple, la Fédération française de tennis dispose d'une salle dédiée à l'entraînement en hypoxie. Sur le plan matériel, ce mode d'entraînement nécessite des stages de plusieurs semaines étalés sur l'année ou des équipements particuliers. Hélas, il peut aussi servir d'alibi à certains sportifs peu scrupuleux mais soucieux de justifier des anomalies sanguines par un séjour prolongé en altitude.

L'entraînement en hypoxie requiert également une rigueur et une méthode spécifiques – du « cousu main » – qui seront exposées ci-après.

C'est dans les années 1990 que la France sportive prend toute la mesure du travail en hypoxie en observant les résultats jugés surprenants de l'adversité, notamment en ski de fond. En 1991, la méthode LHTL (living high training low) est utilisée dans cette discipline. La même préparation est expérimentée pour les championnats du monde de Trondheim de 1997.

Un pas de plus est accompli avec l'utilisation des chambres hypoxiques de Brides-les-Bains pour les JO de Nagano de 1998. À la même date, le Centre national de ski nordique s'équipe de chambres dont le cahier des charges est fixé par le ministère des Sports. L'affaire Festina lors du tour de France cycliste de 1998 met un frein provisoire à ces expérimentations. Les chambres hypoxiques, soupçonnées de couvrir des méthodes dopantes, sont interdites par le ministère.

Une étude scientifique mesurant les effets de ce type d'entraînement sur la santé et son efficacité est décidée en 2002. Financée par le CIO (Comité international olympique) et le ministère des Sports, elle porte sur les effets de la méthode LHTL en hypoxie. Le professeur Richalet et Laurent Schmitt en assurent la coordination. Ses conclusions donneront enfin le feu vert pour la construction et l'utilisation des chambres hypoxiques.

Le regard de l'expert

Entretien avec le professeur Richalet

« La marge de progression de la recherche sur l'hypoxie est encore considérable. »

Le professeur Richalet, professeur de physiologie, ancien attaché des hôpitaux de Paris, alpiniste, a côtoyé fréquemment les cimes au-delà de 6 000 mètres pour décrypter avec suffisamment de professionnalisme les mystères scientifiques de l'adaptation de l'organisme en altitude en situation d'insuffisance d'oxygène.

Créateur d'un test permettant d'évaluer la tolérance d'un individu à l'hypoxie, ce pionnier de l'entraînement en altitude décline dans ses recherches l'hypoxie sous ses différentes formes et applications : sport, médecine, santé…

Comme le démontre l'entretien qui suit, son questionnement est loin d'être assouvi. L'inégalité des organismes face à l'altitude, la gestion de l'effort en hypoxie, l'importance de l'acclimatation, les réactions du cerveau face à la privation d'oxygène demeurent toujours des sujets d'étude d'intérêt public.

Ses travaux interpellent aussi l'industrie pharmaceutique et la médecine qui espèrent y trouver des pistes inexplorées.

Quel est votre ressenti à l'égard des évolutions de l'entraînement en altitude dont vous avez été le principal pionnier. Développement ou régression ?

On est encore loin d'avoir fait le tour des questions scientifiques intéressant l'entraînement en altitude qui est promis à un grand avenir. Son développement actuel le prouve. Il est heureux de constater que les établissements publics de la jeunesse et des sports, les fédérations (tennis, par exemple) développent de plus en plus cette technique, que ce soit à Prémanon ou à Font-Romeu.

De plus, il n'existe pas de réglementation interdisant l'entraînement en hypoxie quelle que soit sa forme (stage en montagne, tente, chambre ou espace hypoxique). La marge de progression est donc ouverte et considérable. Cependant, il faut que cette activité soit encadrée par des professionnels spécialistes du sujet pour éviter des dérives que l'on voit trop souvent dans le domaine du sport de haut niveau.

L'hypoxie artificielle a-t-elle, selon vous, un avenir dans notre paysage sportif ?

Je n'aime pas beaucoup le mot « artificielle » ; l'hypoxie, c'est l'hypoxie... Je pense qu'on n'a pas encore fait le tour, donc oui, l'hypoxie, comme dit précédemment, a de l'avenir. Au fil des ans, on a pu surmonter les réticences et la méfiance de certains. On y trouve d'ailleurs une grande variété de méthodes et d'outils. De l'altitude proprement dite comme à Font-Romeu aux équipements individuels en passant par les chambres hypoxiques.

Bien entendu, il faut respecter un socle commun, c'est-à-dire des règles bien précises d'utilisation : progressivité de l'entraînement, limitation de l'altitude, etc. De nouvelles installations sont attendues à l'INSEP à la demande des entraîneurs des différentes équipes de France qui y sont implantées. La demande a donc changé de camp récemment.

Quel jugement portez-vous sur les avancées technologiques des pays anglo-saxons dans ce domaine ? Certains parlent de retard de la France...

Disons qu'on ne s'appuie pas sur les mêmes repères. Dans notre pays, nous avons privilégié dans un premier temps les techniques classiques d'entraînement en altitude. L'installation de chambres hypoxiques a soulevé à l'époque des réticences et des méfiances qui sont aujourd'hui levées.

Pourquoi ? Nous avons établi des règles d'utilisation et de sécurité bien précises. Ainsi, on ne s'entraîne pas au-delà de 3 000 mètres sans surveillance ou sans accompagnement médical. Le rythme de l'entraînement est progressif. L'écart est donc en train de se réduire.

Nos établissements publics s'équipent, font appel à des spécialistes, ce qui transforment les fondamentaux de l'entraînement.

L'hypoxie fait désormais l'objet de demandes spécifiques de la part de disciplines de force et de vitesse, alors qu'elle était recherchée essentiellement par les sports d'endurance.

La recherche a-t-elle dit son dernier mot dans le secteur de l'hypoxie ?

Il y a encore beaucoup à chercher et à trouver dans le domaine de la recherche sur l'hypoxie car cela concerne non seulement les sportifs de haut niveau, mais également les personnes qui vont vivre ou qui vivent ou travaillent en altitude, et de nombreuses maladies qui s'accompagnent d'hypoxie. Mais la recherche a besoin de critères fiables et représentatifs. L'amélioration de la performance est à ce prix. Pour valoriser cette pratique et obtenir la confiance des institutions, il convient de valider des techniques volontaires avec des groupes « contrôle » de même niveau.

Quel est votre rôle au sein de l'INSEP ?

Mon rôle est celui d'un coordonnateur. Je ne supervise pas réellement l'entraînement de sportifs de haut niveau. Je m'occupe du suivi des tests d'effort en condition hypoxique. L'INSEP souhaite développer ce mode d'entraînement, non seulement pour les sports d'endurance mais également pour les sports de vitesse ou de force où l'effet de l'hypoxie a été peu évalué jusqu'à présent. Une première qui sera accompagnée d'équipements spécifiques (couloirs hypoxiques).

Propos recueillis par Jean-Bernard PAILLISSER

Les derniers ouvrages du professeur Richalet

- *Médecine de montagne*, *Alpinisme et sports de montagne*, 5e édition, Elsevier-Masson, 2017.
- Brochure ARPE *Santé et altitude*, 7e édition, 2016.

Ce qu'il faut retenir

L'altitude a toujours fait partie des préoccupations des entraîneurs et de leur doctrine.

C'est surtout au milieu montagnard et aux défis de l'alpinisme – vaincre l'Everest sans ballon d'oxygène – que l'on doit les premières recherches médicales, balbutiantes sur le sujet.

Dans les années 1950-1960 se mettent en place des stages « dits » d'oxygénation, notamment dans les sports collectifs.

Les Jeux olympiques de Mexico (1968) relancent l'intérêt de la préparation en altitude pour les sports d'endurance.

Depuis, l'entraînement en altitude s'est révélé en s'étendant à d'autres disciplines comme un mode de préparation moderne.

Ses résultats obéissent à des facteurs techniques et physiques bien précis et ne sont pas toujours garantis. Ses apports tendent toutefois à se démocratiser.

Centre d'entraînement de Prémanon.

2

L'ALTITUDE ET SES PROPRIÉTÉS

Ce chapitre démontre que l'altitude est la plus ancienne et la plus longue conquête scientifique de l'homme.

Tour à tour, sportifs, médecins et entraîneurs ont souhaité partager ou développer la connaissance en se confrontant à des défis extrêmes et en repoussant sans cesse les limites humaines pour atteindre les objectifs de performance. La domestication de l'altitude n'est pas pour demain tant son approche est individuelle et l'ensemble de ses ressources encore insoupçonnées.

Parallèlement, les découvertes au-delà du monde sportif sont étendues au domaine de la santé (cardiologie, traitement de l'embonpoint), du bien-être et même du monde du travail.

Pourquoi l'altitude ?

Dans l'imagerie populaire, l'altitude occupe une place très contrastée. Elle renvoie à la mort dramatique du coureur cycliste Tom Simpson lors de l'ascension du Mont-Ventoux (Tour de France 1967), aux foulées démoniaques des coureurs éthiopiens ou kenyans originaires des hauts plateaux qui ne laissent aucune chance à l'adversité, aux avalanches emportant les meilleurs alpinistes du moment toujours enclins à courir après l'exploit, aux vainqueurs des plus belles et des plus hautes cimes du monde, réputées imprenables…

La performance nécessite sans doute que l'homme se fasse le complice ou le sujet pendant un laps de temps d'une contrainte physique – l'hypoxie – pour devenir ensuite plus fort en plaine ou au niveau de la mer.

Il est difficile pourtant d'expliquer pourquoi l'hypoxie – naturelle ou artificielle – est redevenue après quelques décennies d'un tel intérêt sportif. Effet de mode ou nécessité dans un monde compétitif impitoyable où l'inflation des performances appelle des recettes toujours plus sophistiquées ?

L'élévation du niveau de la concurrence internationale et des rythmes d'entraînement qui en découlent a déclenché une certaine « course aux armements » chez les entraîneurs. Tout essayer et ne rien rejeter *a priori* conduit nécessairement à avoir toujours un œil braqué sur le savoir-faire du pays ou du club voisin.

En athlétisme par exemple, la domination des courses de demi-fond et de fond par les Africains de l'Est a pu poser question et soulève encore bien des interrogations. Le fait de vivre et de courir en altitude pour cette population-là contribuait par l'exemple à donner un début de réponse mais pas forcément toute la réponse.

La recherche d'outils supplémentaires et de plus en plus performants par les entraîneurs a valorisé les chambres hypoxiques, puis les appareils simulateurs d'altitude, les tentes, les couloirs hypoxiques...

On a vu au chapitre précédent que l'intérêt porté par les médecins à la question de l'altitude concernait à ses débuts surtout le défi de se mesurer à l'Everest sans oxygène, ce qui constituait en soi un challenge sportif, du moins à l'époque. Les scientifiques ont posé depuis d'autres questions : à partir de quelle altitude est-il préférable de s'entraîner ? Combien de temps ? Pour quelles disciplines les avantages sont-ils les plus importants ? Comment se construisent les adaptations physiologiques individuelles ou collectives ? Que faut-il faire prévaloir : l'acclimatement ou l'acclimatation ?

Historiquement, c'est bien la recherche médicale qui a ouvert les voies et donner les moyens au monde sportif pour qu'il s'exprime à son plus haut niveau.

Cette orientation est à la fois dictée par les effets de la mode des loisirs et du sport et par les nécessités économiques, médicales, militaires de l'heure.

Profitant de ces apports, les sportifs ont pu découvrir plusieurs réponses intervenant à des altitudes variables.

Une communauté scientifique, locomotive de la performance

En 1905, le vainqueur de la course du Canigou (2 785 mètres) dans les Pyrénées-Orientales (30 kilomètres entre Vernet-les-Bains et le pic du Canigou, dénivelé cumulé de plus de 4 200 mètres) dut subir différents examens médicaux à l'arrivée et notamment celui du spiromètre pour mesurer sa capacité respiratoire. On le questionna notamment sur le contenu de son repas avant la course pour l'entendre dire qu'il avait bu du café et mangé quelques tranches de pain. Rien de révolutionnaire si ce n'est que l'intéressé était un berger de profession, fort accoutumé à ces altitudes depuis son plus jeune âge.

Une autre phase est franchie au siècle dernier dans les années 1920 au Royaume-Uni. Il s'agit de conquérir l'Everest sans oxygène. La recherche du « hors limite » occupe déjà les esprits.

La communauté scientifique et le milieu sportif de l'époque se divisent sur ces points. Certains prétendent à l'impossibilité d'aller aussi haut sans aide extérieure. Pour les autres, ce type d'assistance respiratoire porte gravement atteinte au prestige et à l'éthique de l'alpinisme. Un compromis est enfin trouvé…

À grands traits, l'évolution de la relation performance-altitude peut être ainsi caractérisée :

- **La performance par l'altitude naturelle** : c'est la tendance naissante au début du siècle dernier avec cette quête de « l'air pur » chère à Hébert. S'en inspirent les stages d'oxygénation, les stages « commando » mis en place par les équipes de France de sports collectifs et notamment celles de football et de rugby. Ces innovations laisseront sur la question de plus de plus de place aux médecins au détriment de l'entraîneur…
- **La performance par l'altitude simulée** : c'est la dernière étape de la préparation d'un sportif en altitude que nous connaissons depuis.
- **Les autres applications médicales** : elles sont nombreuses et les recherches entreprises ne sont pas toutes abouties ni validées. Elles concernent l'embonpoint, l'hypertension, les insuffisances respiratoires, le stress et le sommeil[3].

L'influence réelle ou supposée de l'altitude sur l'organisme

Tout le monde n'a pas accès aux grands plateaux africains ni aux cimes enneigées à volonté. Que faire pour grignoter du temps sur le temps lors de la prochaine compétition et surpasser l'adversité ?

Le débat n'est pas nouveau. En 1952, un article intitulé « Suroxygénation ou bicarbonate ? », publié dans les cahiers de l'Institut national du sport, s'étonnait des distances (30 à 45 kilomètres) parcourues par des coureurs africains et vantait leur

3 Dernier-né des simulateurs d'altitude, Alizee® permet une utilisation de l'hypoxie en toute sécurité et produit des effets bénéfiques sur le niveau de stress (77 % de personnes satisfaites) et l'amélioration de la qualité de sommeil (82 % d'avis positifs).

entraînement en dette d'oxygène. L'auteur de l'article concluait que ces ouvriers marginaux du monde athlétique possédaient, grâce à l'altitude, des réserves inépuisables.

La « tentation » de l'altitude évoquée dans le chapitre précédent influence encore les milieux sportifs d'aujourd'hui.

Ces dernières années, les recherches ont succédé aux études scientifiques et tendent à analyser dans le détail la résistance du comportement humain en altitude.

L'hypoxie pour tous, une solution ?

L'entraînement en hypoxie simulée avec AltiTrainer peut représenter une solution individuelle ou collective. Ce simulateur d'altitude constitue pour les athlètes une forme de variété dans les *stimuli* d'entraînement qui influe sur la motivation.

« La première valeur ajoutée est de s'entraîner sans avoir à organiser un stage en montagne qui peut être coûteux en temps et en argent pour des sportifs populaires ou des sportifs d'élite, nous explique Frédéric Gazeau, directeur de Personal Trainer à Genève. Sur le plan technique, l'entraînement en altitude est intéressant lorsqu'il est réalisé au seuil lactique (protocole Hoppeler). Lorsqu'il est réalisé à VO_2max, il oblige le sportif à diminuer les intensités de travail. L'AltiTrainer permet ainsi d'entraîner efficacement le seuil lactique tout en conservant les séances d'endurance et de puissance maximale aérobie en plaine. »

En écho à ces propos, il faut noter l'apparition dans le paysage commercial de nos grandes villes de stages intitulés « Respirer autrement ». Ces séances s'adressent aux sportifs et aux amateurs de bien-être souhaitant se régénérer grâce à la simulation d'altitude.

Le simulateur d'altitude permettant d'atteindre 5 500 mètres se présente sous la forme d'un masque individuel. Le client choisit, selon son objectif, l'altitude et le nombre de ses séances étalées sur 7 semaines. Et les témoignages enthousiastes de coureurs et coureuses se succèdent. Parmi les observations recueillies, sont pointés : une meilleure récupération, une moindre fatigue musculaire, des gains de vitesse, un souffle plus adapté à l'effort à fournir, une décontraction, un meilleur mental, une plus grande résistance à la douleur après des séances intensives...

Après le constat, la programmation des séances est déterminante comme nous le verrons dans les chapitres suivants. Les séances « actives » sont à programmer dans la période précompétitive, soit environ 5 à 6 semaines avant un objectif majeur. L'idéal consiste à programmer 8 à 10 expositions à raison de deux par semaine, en veillant à respecter en dernière semaine une période de repos relatif (allègement de la charge d'entraînement).

S'agissant des marathoniens, il semble que le délai de récupération soit diminué (intensité des courbatures, capacité à reprendre plus rapidement l'entraînement).

Une personne habitant en plaine mais suffisamment proche de la montagne peut se préparer de la même façon en effectuant des séances régulières en altitude, sans forcément devoir y séjourner en permanence.

Le lecteur est renvoyé aux chapitres suivants pour l'approfondissement de ce point.

Le regard de l'expert

Entretien avec Jean-Jacques Menut, concepteur du système AltiTrainer

« Après les brumes, où commence le ciel / Où les aigles reculent, où manque l'oxygène » : on connaît plus ou moins ce début d'un des succès du chanteur Jean-Jacques Goldman. Il symbolise pour tout coureur à pied le terrain d'aventure à conquérir pour mieux briller ultérieurement dans la plaine.

Mais tout le monde n'est pas apte à supporter les contraintes de l'hypoxie ou à exercer ses talents de sportif sur les grands plateaux ou les sommets de ce monde. Que faire alors pour améliorer sa course contre le temps lors de la prochaine compétition ?

L'AltiTrainer est peut-être l'une des solutions.

Son concepteur, Jean-Jacques MENUT, nous explique son fonctionnement.

« Le principe technologique est basé sur la dilution de l'air avec de l'azote venant d'une bouteille, de manière à faire baisser le pourcentage d'oxygène dans le mélange respirable. Dans l'atmosphère, il y a environ 21 % d'oxygène, le reste étant presque exclusivement de l'azote. En altitude, la fraction d'oxygène est toujours de 21 %, mais la pression barométrique baisse de telle manière que l'oxygène disponible faiblit (c'est la notion de pression partielle). Si, en restant en plaine, on diminue le pourcentage d'oxygène, sa disponibilité baisse. Par exemple, à 5 500 mètres d'altitude, la pression barométrique est la moitié de ce que l'on a en plaine. Si, en restant en plaine, on respire un mélange avec la moitié d'oxygène, soit 10,5 %, on a alors les mêmes conditions de respiration.

En montagne, c'est la pression barométrique qui baisse ; avec AltiTrainer, c'est le pourcentage d'oxygène qui diminue. Dans les deux cas, pour nos poumons la disponibilité de l'oxygène est moindre. »

L'Altitrainer existe au moins depuis 17 ans. Il a forcément reçu des améliorations récentes ?

Le modèle initial AltiTrainer200 a été remplacé par un nouveau modèle, l'AltiTrainerNP (NP pour New Process). Ce nouveau modèle a toutes les fonctionnalités de l'ancien avec en plus des possibilités nouvelles très utiles pour les laboratoires. Il a aussi l'avantage de pouvoir être interfacé avec un ordinateur qui peut enregistrer les données et piloter, par exemple, des profils de montée et de descente.

L'AltiTrainer a considérablement évolué et notamment depuis 5 ans. En effet, j'ai (Personal Trainer, Genève) développé une application novatrice de l'hypoxie à travers un protocole appelé Métab Clean® ayant pour but d'améliorer la récupération du sportif (voir l'article de Dufour *et al.* à ce sujet [4]). L'AltiTrainer a intégré dans ses fonctions un logiciel permettant une gestion autonome du protocole Métab Clean® via la mesure en temps réel de la saturation du sportif (SpO_2). Cette application est utilisée avec succès dans des centres d'hypoxie à Paris, Aix-en-Provence (centres SimAlti) et à Genève (centre d'entraînement Personal Trainer). Ce protocole très prometteur est actuellement éprouvé à Grenoble dans le cadre d'une vaste étude dirigée par le Dr Samuel Vergès (Unité HP2, INSERM, Grenoble). Cette étude élargit le champ des recherches au-delà du sport en testant les effets bénéfiques du protocole Métab Clean® sur la santé et la condition physique de populations en excédent pondéral et ayant une ou plusieurs maladies chroniques associées.

Quel type d'entraînement préconisez-vous ? Quelle est sa valeur ajoutée pour des sportifs de haut niveau et pour les autres compétiteurs ?

La première valeur ajoutée est de pouvoir s'entraîner en altitude en faisant faire de substantielles économies de stages, de temps et d'argent aux sportifs.

Sur le plan technique, on sait que l'entraînement en altitude est particulièrement intéressant lorsqu'il est réalisé au seuil lactique (protocole Hoppeler) et pose des problèmes lorsqu'il est réalisé à VO_2max car il oblige l'athlète à diminuer les intensités de travail. L'AltiTrainer permet ainsi d'entraîner efficacement le seuil lactique

4 B. Crebassaa, F. Gazeaub et T. Bazin, « Effet de l'exposition passive continue à l'hypoxie normobarique par protocole Metab Clean© sur la récupération du coureur à pied », Grenoble Universités, metabclean.com/files/docs/etude-recuperation-en-hypoxie.pdf.

tout en conservant les séances d'endurance et de puissance maximale aérobie en plaine.

L'entraînement sur simulateur d'altitude peut aussi représenter pour certains athlètes, quel que soit le niveau, une forme de variété dans les *stimuli* d'entraînement qui a un impact indéniable sur la motivation.

Progression programmée de la VO2max : les conditions à réunir pour devenir plus performant ?

Une étude [5] réalisée en 2006 montre une augmentation de 5 % de la VO_2max pour une population de coureurs à pied de bon niveau. Mais surtout, cette étude fait apparaître une très forte augmentation du temps limite à la VMA (+ 35 %). Le protocole utilisé par Dufour était celui de Hoppeler, à savoir deux fois 30 minutes d'entraînement en hypoxie au seuil lactique par semaine pendant 6 semaines. Selon mon expérience, il semble que l'obtention de bons résultats par cette technique soit conditionnée par le niveau d'endurance fondamentale (60 % de VO_2max). En effet, si un athlète pratique trop peu d'endurance fondamentale, l'hypoxie risque d'accélérer le phénomène de surentraînement. En revanche, les athlètes ayant intégré un gros volume d'entraînement à basse intensité semblent bénéficier pleinement de cette technique.

Comment et quand programmer dans la saison des séances d'AltiTrainer ?

Les séances « actives » sont à programmer dans la période précompétitive, soit environ 5 à 6 semaines avant un objectif majeur. L'idéal est de programmer 8 à 10 expositions à raison de deux par semaine, en veillant bien à respecter en dernière semaine une période de repos relatif (allègement classique de la charge d'entraînement).

Nous intégrons systématiquement des séances de récupération en hypoxie pendant cette période précompétitive (Métab Clean®), en respectant la même fréquence de 2 séances par semaine sur 5 à 6 semaines. Il apparaît très clairement que le risque de blessures des coureurs à pied est fortement diminué en nombre et en gravité

5 S. P. Dufour *et al.*, « *Exercise training in normobaric hypoxia in endurance runners, Improvement in aerobic performance capacity* », *Journal of Applied Physiology*, 2011.

(tendinites, déchirures musculaires notamment). Pour les marathonien(ne)s, il semble également que le délai de récupération soit nettement diminué (intensité des courbatures, capacité à reprendre plus rapidement l'entraînement).

On prétend que l'AltiTrainer aurait acquis un rayonnement international. Les marathoniens de haut niveau l'utilisent-ils ?

AltiTrainer est présent sur les cinq continents dans 21 pays. Seul un petit nombre de sportifs de haut niveau en ont un chez eux. Le plus souvent, les sportifs utilisent AltiTrainer dans un club sportif ou dans le cadre de leur équipe ou dans des centres comme Personal Trainer à Genève. AltiTrainer est très répandu dans les laboratoires de recherche en physiologie comme, par exemple, au HP2 de l'université Joseph Fourier à Grenoble.

Des athlètes de très haut niveau utilisent l'AltiTrainer pour son application « active » (protocole Hoppeler), mais aussi pour son application « au repos » (Métab Clean®) dans plusieurs sports d'endurance (course à pied, cyclisme, aviron, etc.). Il est à noter que de plus en plus de sportifs populaires désireux d'exploiter tout leur potentiel utilisent l'AltiTrainer.

Propos recueillis par Jean-Bernard PAILLISSER

Ce qu'il faut retenir

L'étude des phénomènes physiologiques liés à l'altitude, toujours en cours, a durant ces dernières décennies franchi des degrés et fait des progrès que l'activité physique et sportive a contribué à modeler. L'hypoxie naturelle ou artificielle ou le combiné des deux ne laissent désormais aucun entraîneur et sportif de haut niveau indifférent.

Les affirmations péremptoires, les approximations ne sont plus de mise à l'époque où la technique a conçu des appareils performants permettant à chacun de tester sa résistance et son comportement à la haute altitude ou de préparer une expédition d'alpinisme quasiment à domicile.

Mais le plus remarquable dans les évolutions constatées, c'est qu'elles concernent désormais une plus grande proportion de la population sportive. On assiste à une démocratisation technologique qui, avec l'engouement des sports de nature naguère qualifiés d'extrêmes (trails, marathons d'altitude), s'affirme et appelle en termes de sécurité des besoins nouveaux et une vigilance accrue des concepteurs et des entraîneurs.

C'est peut-être sur ce terrain-là que se construira le succès ou l'échec à venir des entraînements en altitude.

3

LES CONDITIONS DE RÉUSSITE DE LA PRÉPARATION EN ALTITUDE

Après avoir défini les contraintes physiques imposées par l'altitude et les adaptations physiologiques qu'elles peuvent entraîner, ce chapitre détaille les différentes méthodes d'entraînement (protocoles, altitude optimale, durée du séjour, sports concernés, délai nécessaire avant d'avoir un effet sur la performance) utilisées en milieu sportif.

En schématisant beaucoup, cinq protocoles (décrits dans ce chapitre) ont été expérimentés à ce jour. Trois d'entre eux (LHTH, LHTL, IHT) s'adressent aux sports d'endurance, deux (IHT, LHTLHi) présentent des intérêts pour les sports collectifs et un (IHE) semble être sans effets sur la performance.

Mais la réalité est peut-être moins cloisonnée.

L'entraînement en altitude : prise de conscience d'un nouvel outil

La France sportive semble avoir découvert vraiment l'altitude, ses bienfaits physiologiques et les performances qu'elle entraîne à la faveur des JO de Mexico en 1968. À cette époque, la capitale mexicaine inaugurait les Jeux olympiques les plus hauts de leur histoire. Perchée à plus de 2 200 mètres, la ville représentait par son altitude un défi physique et psychologique pour les sportifs des nations participantes. La France avait choisi Font-Romeu (Pyrénées-Orientales) et ses 1 850 mètres d'altitude comme centre de préparation olympique, construit en 1966. Son altitude et son climat devaient permettre l'éclosion de performances. Pouvait-il en être autrement ?

Les JO de Mexico furent le théâtre d'exploits inscrits aujourd'hui encore dans la légende : Hines et ses 9 secondes 95 sur 100 mètres, le saut de Beamon (8,90 mètres), le triple saut de De Oliveira, mais aucun record dans les disciplines d'endurance. Plus tard en 1979, les 19 secondes 72 de Mennea sur 200 mètres à Mexico ou le record de l'heure établi par le cycliste Eddy Merckx dans la capitale mexicaine le 25 octobre 1972, sans préparation spécifique à l'altitude, achevèrent de convaincre les plus sceptiques.

Depuis, l'entraînement en altitude est une pratique, source de nombreuses croyances, qui fait recette en termes de performance.

Dans un premier temps, l'entraînement en altitude avait simplement pour objectif d'acclimater l'organisme des athlètes pour les compétitions se déroulant en altitude modérée (entre 2 000 et 3 000 mètres).

Mais très vite, ce type d'entraînement a semblé être un outil très intéressant pour préparer des compétitions en plaine.

Le dopage sanguin (par autotransfusion ou à l'érythropoïétine [EPO] en particulier) induit une augmentation du volume total de globules rouges et améliore les performances aérobies.

Or, une exposition chronique à l'hypoxie stimule la synthèse d'érythropoïétine (EPO) et la production de globules rouges. Il n'y avait donc qu'un pas à franchir pour poser l'hypothèse que l'entraînement en altitude pouvait améliorer les performances aérobies en toute légalité.

Mais comment l'apprivoiser ? Les scientifiques tout comme les entraîneurs devaient s'affronter sur l'altitude cible et la méthode idéale.

Altitude, hypobarie et hypoxie (1) (2) (10)

Dans le cadre de l'entraînement en hypoxie, les altitudes cibles se situent entre 1 900 et 4 000 mètres, c'est-à-dire à une zone charnière entre la moyenne et la haute altitude.

Pour comprendre les contraintes liées à l'altitude, il faut définir les notions d'hypobarie et d'hypoxie et leurs conséquences sur l'organisme.

Quelle que soit l'altitude, la composition de l'air que nous respirons est constante : 78 % de diazote, 21 % d'oxygène (O_2) et 1 % de gaz rares (argon, dioxyde de carbone, néon...).

Au niveau des poumons, organes clefs de la respiration, le captage de l'oxygène dans les alvéoles pulmonaires dépend de la pression partielle en oxygène.

À l'altitude zéro, la pression atmosphérique est de 760 mmHg (millimètres de mercure). La pression partielle en oxygène est alors de :

PO_2 (mer) = 0,21 × 760 = 160 mmHg

Plus l'altitude augmente, plus la pression atmosphérique diminue : c'est le phénomène d'hypobarie.

À 3 000 mètres d'altitude, la pression atmosphérique est de 525 mmHg. La pression partielle en oxygène est donc de :

PO_2 (3 000 mètres) = 0,21 × 525 = 110,25 mmHg

Au niveau de la mer, on considère que les échanges gazeux sont optimaux dans les poumons et que 100 % de l'oxygène est disponible.

À 3 000 mètres d'altitude, la pression atmosphérique est diminuée de 30 % par rapport à celle s'exerçant au niveau de la mer. À cette altitude, seulement 70 % de l'oxygène présent dans l'air est disponible pour l'organisme. Ce manque d'oxygène est appelé hypoxie.

En altitude réelle, l'hypoxie est liée à une baisse de la pression atmosphérique ; on parle d'hypoxie hypobarique.

L'hypoxie simulée dans les chambres ou salles hypoxiques, soit par un appauvrissement de l'air en oxygène, soit par un enrichissement de l'air en azote sans variation de la pression barométrique, est appelée hypoxie normobarique.

L'hypoxie constitue un stress physiologique entraînant des adaptations hématologiques, cardio-respiratoires, neuromusculaires et métaboliques visant à augmenter le niveau de performance. Ces adaptations peuvent varier en fonction du type d'exposition : hypoxie hypobarique (altitude réelle) ou hypoxie normobarique (altitude simulée).

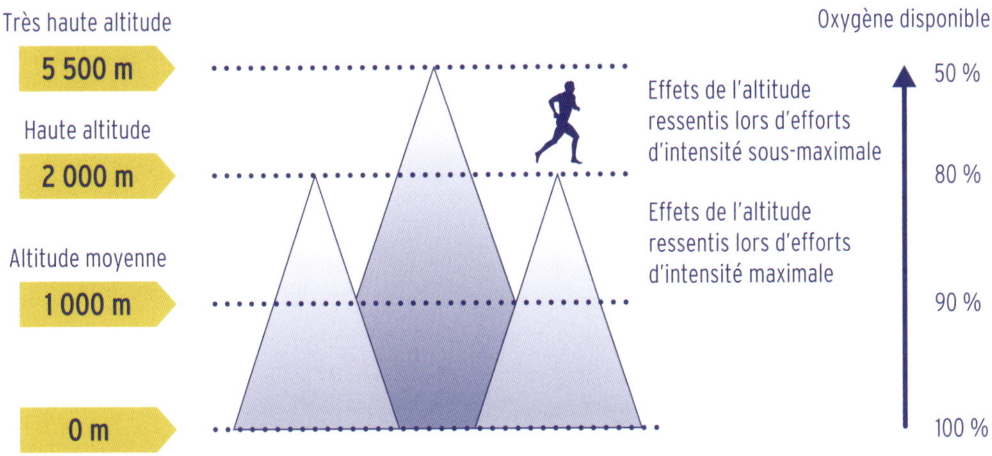

Figure 1 – Altitude et hypoxie.

Les différents protocoles d'entraînement (1-9)

Ces méthodes ont différents objectifs **:**

- Améliorer les performances au niveau de la mer.
- Préparer une compétition se déroulant en altitude.
- Ou encore optimiser l'acclimatation des alpinistes.

Quatre semaines d'exposition hypoxique semblent nécessaires à la mise en place d'une réponse hématologique naturelle favorable à la performance, tandis que 18 jours suffisent pour observer des adaptations ventilatoires et musculaires.

D'autres facteurs sont également à prendre en compte :

- Le temps d'exposition journalier à l'hypoxie (de 12 h/jour minimum à 22 h/jour pour les réponses hématologiques, plus court pour les réponses musculaires et ventilatoires).
- L'intensité de l'exercice qui jouera un rôle clef dans les processus d'adaptation musculaire (la fonte musculaire et la perte de force sont des risques majeurs lors d'un séjour prolongé en altitude).

Protocole LHTH (Living High Training High)

Protocole LHTH	Altitude optimale	Durée optimale	Types de sports
Vivre et s'entraîner en altitude modérée	1 200 à 2 500 m	2 à 4 semaines une phase d'acclimatation précédent la phase d'entraînement	Sports d'endurance

Figure 2 – Protocole LHTH d'après G. Millet et L. Schmitt, S'entraîner en altitude, *De Boeck, 2011.*

Il s'agit d'une méthode classique d'entraînement en altitude qui s'effectue à altitude modérée (1 200 à 2 500 mètres). Les phases de repos et d'entraînement ont lieu à la même altitude. Ce protocole convient particulièrement aux stages en altitude réelle puisqu'il ne nécessite pas de déplacement, souvent long et fatiguant à ces altitudes.

En théorie, la fréquence idéale de ce type de stage est de trois fois trois semaines par an.

Il faut tenir compte des saisons et des conditions météorologiques liées à l'altitude et à la latitude. Il est préférable de ne pas planifier un stage en altitude réelle après le mois de septembre dans l'hémisphère Nord. À noter qu'un stage en altitude réelle ne permettra pas de travailler l'adaptation à la chaleur. De plus, les particularités du terrain sont des contraintes à prendre en compte (dénivelé, revêtements…). Il faut donc bien vérifier l'équipement des infrastructures d'accueil (pistes, home trainer…) avant de partir.

<table>
<tr><th colspan="4">21 jours</th></tr>
<tr><th colspan="4">4 phases</th></tr>
<tr><td>2 jours</td><td>7 jours</td><td>10 jours</td><td>2 jours</td></tr>
<tr><td>Acclimatation</td><td>Entraînement
• Exercice aérobie de faible intensité
• Activité explosive (force, vitesse) ou technique

Privilégier la récupération et respecter une journée de repos toutes les trois journées d'entraînement (phase critique au 8e/10e jour : envisager le repos complet ou l'allègement de l'entraînement).</td><td>Entraînement
• Aréobie, anaréobie, vitesse, force
• Pas de travail spécifique

Les intensités sont augmentées progressivement et les temps de récupération allongés.
Les temps sont supérieurs à ceux réalisés en plaine.</td><td>Récupération</td></tr>
</table>

Figure 3 – Déroulement du stage, en partie d'après O. Madsen, Symposium on altitude training and research, *Flagstaff, 1999.*

Le retour en plaine est une période difficile à gérer.

Les scientifiques s'accordent pour décrire quatre périodes post-stage en hypoxie qui varient de quelques jours en fonction des auteurs. Le ressenti et l'expérience des athlètes vis-à-vis de ce type d'entraînement sont des éléments clefs pour gérer au mieux cette période.

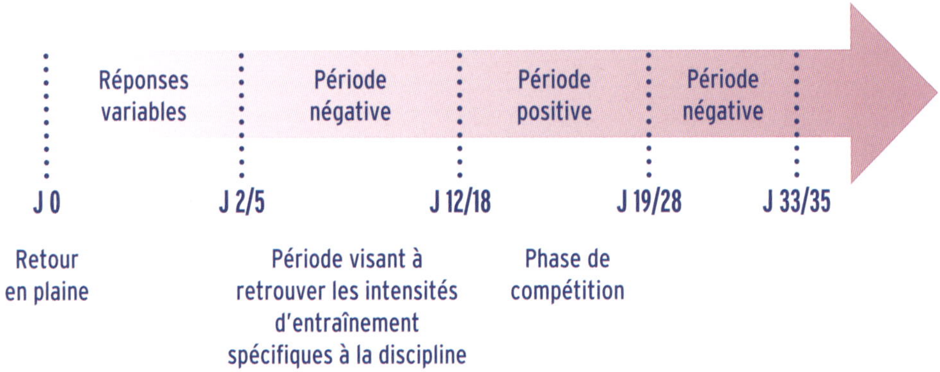

Figure 4 – Retour en plaine et état de forme théorique.

Au cours de la première période post-hypoxie (J 0 à J 2/5), il existe une forte variabilité interindividuelle à la réponse au stage en hypoxie. Certains ressentent des effets positifs immédiats (qui pourraient être liés à l'augmentation du volume sanguin suite au retour en plaine et aux adaptations ventilatoires mises en place lors du stage en hypoxie et encore présentes à cette période) et peuvent envisager une compétition lors de cette période, alors que d'autres ne ressentent aucun effet bénéfique durant cette phase.

L'altitude à laquelle le stage a été effectué semble aussi jouer un rôle sur l'état de forme ressenti pendant cette période. Si le stage a été effectué à altitude modérée (1 200 mètres environ), il semblerait opportun de placer une compétition à cette période. Ce n'est pas le cas si le stage s'est déroulé à altitude moyenne (1 850 mètres environ).

La seconde période (J 2/5 à J 12/18) n'est pas propice à la réalisation de performance. Ceci est principalement lié au fait qu'un séjour prolongé en altitude n'optimise pas les qualités neuromusculaires (impact sur la coordination motrice) et diminue l'efficacité énergétique de l'athlète. Il n'est pas non plus à exclure que le surcroît de fatigue généré par le stage en hypoxie se fasse ressentir à ce moment, ainsi que plus tardivement (période J 19/28 à J 33/35).

La troisième période (J 12/18 à J 19/28), est favorable à la compétition en raison du retour de l'efficacité énergétique de l'athlète, de l'amélioration du transport de l'oxygène et de la persistance des adaptations ventilatoires suite au stage en hypoxie.

Concernant l'amélioration des performances aérobies avec le protocole LHTH, les résultats des études divergent et semblent être fonction du niveau de performance initiale des athlètes. Une des explications serait la nécessaire baisse des intensités d'entraînement à ces altitudes.

La règle de base écrite par José Marajo au sujet de l'entraînement en hypoxie semble donc avoir toute son importance : « L'altitude doit permettre une intensité de travail au moins égale à celle de la compétition. »

Protocole LHTL (Living High Training Low)

Protocole LHTL	Altitude optimale	Durée optimale	Types de sports
Vivre en haute altitude et s'entraîner en basse altitude	2 000 à 3 000 m	3 semaines	Sports d'endurance

Figure 5 – Protocole LHTL d'après G. Millet et L. Schmitt, S'entraîner en altitude, *De Boeck, 2011.*

Ce protocole a été développé au début des années 1990 pour permettre aux athlètes de continuer à s'entraîner à des intensités similaires à celles observées au niveau de la mer.

La phase de repos s'effectue à une altitude modérée (entre 2 000 et 3 000 mètres) et la phase d'entraînement à faible altitude (inférieure à 1 500 mètres).

C'est une méthode qui s'adapte aussi bien à un entraînement en altitude réelle (hypobarique) qu'à un entraînement en altitude simulée (normobarique), ce qui peut être un avantage pour réduire la fatigue inhérente aux déplacements.

La plupart des études consacrées au LHTL en hypoxie hypobarique ont montré, comparativement au groupe contrôle effectuant le même entraînement au niveau de la mer, une amélioration des performances et une modification de certains paramètres hématologiques. Cet effet sur la performance est moins souvent retrouvé dans les études réalisées en hypoxie normobarique.

Mais récemment, une étude a comparé l'effet de 18 jours de LHTL en hypoxie hypobarique et normobarique sur un même groupe d'athlètes, ce qui a son importance compte tenu de la forte variabilité interindividuelle des réponses à l'hypoxie. Chaque athlète répond de la même façon aux deux types d'hypoxie et, dans les deux cas, le LHTL est associé à une augmentation des performances corrélée à une augmentation de la masse d'hémoglobine, paramètre en lien avec la valeur de la VO_2max et facteur clef de la performance en endurance au niveau de la mer. Les processus adaptatifs diffèrent entre les deux types de sollicitations hypoxiques et les modifications hématologiques ne suffisent pas à expliquer à elles seules l'amélioration des performances. Des adaptations musculaires (efficacité mitochondriale, régulation du pH…) jouent probablement aussi un rôle.

En termes d'amélioration des performances aérobies (de l'ordre de 1 à 3 % en moyenne), le LHTL est la méthode qui semble la plus efficace, mais les résultats divergent en fonction des études. Voir un contre-exemple dans Le regard de l'expert, ci-après.

Le regard de l'expert

Entretien avec Paul Robach

- *Chercheur à l'École nationale des sports de montagne (ENSM), site de l'École nationale de ski et d'alpinisme à Chamonix*

L'altitude et la performance en débat

Une récente étude portant sur l'effet de la méthode d'entraînement en altitude « vivre en haut, s'entraîner en bas » en hypoxie hypobarique (altitude réelle) sur la performance aérobie chez le skieur nordique ne révèle pas un bénéfice significatif. Explications.

Paul Robach, chercheur à l'École nationale des sports de montagne, site de l'École nationale de ski et d'alpinisme, nous expose dans cet entretien la démarche et les objectifs de l'étude appuyée par des scientifiques et des entraîneurs provenant d'universités et d'institutions nationales et européennes réputées [6].

Quel a été l'objet principal de votre recherche ?

L'entraînement en altitude « vivre en haut, s'entraîner en bas » (live high train low, LHTL) en altitude réelle (hypoxie hypobarique) est susceptible d'améliorer la performance d'endurance au niveau de la mer chez l'athlète, néanmoins les données contrôlées chez des athlètes très entraînés sont peu nombreuses. Nous testons ici l'hypothèse selon laquelle LHTL en altitude réelle améliore la performance aérobie chez le skieur de fond, en raison d'une expansion de la masse totale d'hémoglobine (Hbmass, technique de rebreathing au monoxyde de carbone) favorisée par une érythropoïèse accélérée.

6 Ont participé à cette étude l'ENSA, les universités de Grenoble, Poitiers, Lillehammer (Norvège), Zurich (Suisse), Copenhague (Danemark), Innsbruck (Autriche), ainsi que l'hôpital de Lillehammer.

Quel a été le protocole utilisé ?

Suite à des mesures de référence en double au niveau de la mer au cours de deux semaines consécutives, 19 skieurs nordiques norvégiens – 3 femmes, 16 hommes, âgés de 20 ans plus ou moins 2 ans, consommation maximale d'oxygène (VO_2max) 69 ± 5 $ml.min^{-1}.kg^{-1}$ – ont séjourné 26 nuits consécutives à basse altitude (1 035 mètres, groupe « contrôle », n = 8) ou moyenne altitude (2 207 mètres, exposition quotidienne 16,7 ± 0,5 heures, groupe « LHTL », n = 11). Tous les athlètes se sont entraînés ensemble quotidiennement à une altitude allant de 550 à 1 500 mètres. Trois sessions de tests au niveau de la mer ont été réalisées au cours des trois premières semaines suivant l'intervention. En dépit d'une hypoxémie nocturne présente à moyenne altitude (oxymétrie de pouls), LHTL n'a eu aucun effet spécifique sur la concentration sérique en érythropoïétine, les réticulocytes, Hbmass, VO_2max ou la performance en course à pied sur 3 000 mètres. D'autre part, LHTL n'a eu aucun effet spécifique sur l'économie de course, les capacités respiratoires et l'efficacité du muscle squelettique (biopsie), et la capacité de diffusion pulmonaire. La présente étude, montrant des réponses physiologiques et des améliorations de performance similaires dans les deux groupes après l'intervention suggère que, chez les skieurs de fond jeunes, les améliorations de performance aérobie au niveau de la mer associées à LHTL à 2 207 mètres sont davantage liées à l'entraînement qu'à l'acclimatation à la moyenne altitude.

Quelles conclusions peut-on tirer de votre investigation ?

Contrairement à notre hypothèse, les résultats indiquent que quatre semaines de « vivre en haut, s'entraîner en bas » (LHTL) en altitude naturelle modérée ne sont pas associées à des améliorations de la performance aérobie plus importantes que « vivre en bas, s'entraîner en bas » avec un stimulus d'entraînement équivalent chez des skieurs nordiques jeunes. En adéquation avec ce résultat, LHTL n'a eu aucun effet spécifique sur Hbmass, les capacités respiratoires du muscle squelettique ou la capacité de diffusion pulmonaire. Nos résultats suggèrent que les changements physiologiques et les modifications de performance observées suite à cette intervention LHTL en altitude naturelle sont causés par l'entraînement plutôt que par l'acclimatation à la moyenne altitude. Bien que notre observation ne soit pas extrapolable à d'autres populations d'athlètes nordiques ou à d'autres disciplines sportives, nos données suggèrent une absence d'effet ergogénique de LHTL à une altitude naturelle de 2 207 mètres.

Par rapport aux précédentes études LHTL, la nouveauté de cette étude est que les sujets des deux groupes se sont entraînés ensemble. Cela a permis de mieux contrôler les charges d'entraînement entre les sujets LHTL et contrôle, et donc de mieux isoler l'effet de l'hypoxie dans le groupe LHTL. Nous n'avons trouvé aucun effet appréciable de l'hypoxie sur la performance à l'exercice ou les variables hématologiques, musculaires et pulmonaires expliquant potentiellement le pouvoir ergogénique de LHTL. Nous reconnaissons certaines limitations expérimentales. Nous pouvons spéculer d'après nos données que des skieurs nordiques jeunes engagés dans un camp d'entraînement à basse altitude pourraient retirer le même bénéfice de performance en dormant quatre semaines à 1 000 mètres au lieu de 2 200 mètres.

Propos recueillis par Jean-Bernard PAILLISSER

Les méthodes d'exposition intermittente à l'hypoxie : protocoles IHE (Intermittent Hypoxia Exposure) et IHT (Intermittent Hypoxia Training)

	Altitude optimale	Durée optimale	Types de sports
Protocole IHE Vivre en haute et en basse altitude, s'entraîner en basse altitude	≥ 4 000 m		Pas d'amélioration des performances quel que soit le sport
Protocole IHT Vivre en basse altitude, s'entraîner en haute altitude	2 500 à 3 000 m	2 fois par semaine, plutôt en période précompétitive	• sports d'endurance • sports collectifs • sports de force et de vitesse

Figure 6 – Protocole IHE et IHT d'après G. Millet et L. Schmitt, S'entraîner en altitude, *De Boeck, 2011.*

Ces méthodes ont été développées pour contrecarrer les effets délétères liés à une exposition prolongée à l'altitude pouvant apparaître en appliquant les protocoles exposés précédemment : surcroît de fatigue (générale et musculaire), immunodépression, troubles digestifs et modification du métabolisme énergétique (augmentation de la proportion de glucides oxydés au détriment des lipides) entre autres.

Dans le cadre d'une exposition hypoxique intermittente (IHE), seulement une partie des périodes de repos s'effectue en altitude.

Les principales études menées à ce sujet ont montré qu'une exposition passive quotidienne ou variant de 3 à 5 jours par semaine, sur une durée d'une à 3 heures en moyenne, à des hautes, voire très hautes, altitudes (de 4 000 à 6 400 mètres), n'induit pas de modification significative de la production d'EPO et des paramètres hématologiques et ventilatoires. La durée des protocoles mis en place au cours de ces études était de 2 à 4 semaines.

L'IHE semble n'avoir aucun effet sur la performance malgré des intensités d'entraînement pouvant être similaires à celles pratiquées au niveau de la mer.

Dans le cadre d'un entraînement intermittent en hypoxie (IHT), les phases de repos s'effectuent en plaine et l'entraînement en haute altitude (2 500 à 3 000 mètres).

Seule la méthode IHE n'induit pas de modification des paramètres hématologiques pouvant faciliter le transport de l'oxygène en raison d'une exposition trop courte à l'hypoxie. Par contre, dans le cadre d'un entraînement à haute intensité, cette méthode permet des adaptations moléculaires au niveau du muscle susceptibles d'améliorer les performances aérobies et anaérobies.

Les deux spécialistes français de l'entraînement en altitude, Grégoire Millet et Laurent Schmitt, recommandent aux athlètes adeptes des sports d'endurance d'utiliser l'IHT en phase précompétitive, à raison de deux séances de 30 à 45 minutes par semaine pour des intensités d'entraînement se situant autour du deuxième seuil ventilatoire.

Pour une meilleure amélioration des capacités aérobies, ils préconisent de coupler IHE et IHT de façon à augmenter le temps passé en hypoxie, facteur clef des adaptations hématologiques favorisant le transport de l'oxygène.

Mais dans ce cas (combinaison IHE et IHT), le risque de retomber dans les travers d'une exposition prolongée à l'altitude est réel.

Les effets de l'IHT semblent aussi être bénéfiques sur la performance pour les sprints répétés (et non pour les sprints isolés), situation caractéristique des sports collectifs, de raquettes ou des courses cyclistes, par exemple.

Une technique d'entraînement ayant fait l'objet d'études récentes s'apparente à l'IHT avec la particularité de s'effectuer en normoxie, ce qui permet de s'affranchir des effets délétères d'une exposition prolongée à l'altitude. Il s'agit de l'entraînement en hypoventilation. Cette technique peut s'appliquer aussi bien aux sports collectifs caractérisés par la répétition de sprints qu'aux disciplines d'endurance.

Explications dans Le regard de l'expert, ci-après.

Le regard de l'expert

Entretien avec Xavier Woorons, physiologiste du sport

L'entraînement en hypoxie par hypoventilation : retenez votre souffle pour devenir performant !

Xavier Woorons, physiologiste du sport, associé jusqu'en 2015 à l'université Paris-XIII, puis à l'Unité de recherche pluridiscipinaire Sport Santé Société (URePSSS) de l'université de Lille, réhabilite par ses travaux l'hypoventilation comme un des facteurs de performance possibles, à expérimenter par des sportifs confirmés lors des entraînements.

De grands noms comme celui de Zatopek ou celui de « Doc » Counsilman, célèbre entraîneur de l'équipe nationale américaine de natation, ont mis en application avec succès ce protocole consistant à augmenter le niveau d'acidose de l'organisme. Objectif premier, l'adaptation physiologique doit retarder les effets de la fatigue.

Les points forts de votre méthode ?

L'hypoventilation ne nécessite pas la mobilisation de grands moyens techniques. Son utilisation est très pratique : nul besoin de prendre de l'altitude ou de recourir à des séances d'hypoxie artificielle avec le matériel que cette méthode suppose. Son coût n'est pas élevé et à la portée de tout le monde.

La méthode d'entraînement en hypoventilation se définit comme le fait d'apporter un volume d'air insuffisant au niveau des poumons. Il s'ensuit une diminution de la quantité d'oxygène dans le sang (hypoxémie) et une augmentation de la quantité de dioxyde de carbone (hypercapnie). Il en résulte une acidification du sang.

Réduire volontairement sa fréquence respiratoire (hypoventilation volontaire) est une pratique des sportifs qui suivent un entraînement en hypoventilation.

Les études menées en liaison avec l'université Paris-XIII dans un premier temps, puis l'université de Lille portent sur l'hypoxie volontaire grâce à la technique dite du « expirer-bloquer » (expiration plus ou moins longue, blocage respiratoire et inspiration brève) dans différents modes d'exercices (natation, course à pied, vélo).

Vos inspirateurs ?

Lors de mes études à la faculté des sciences du sport, j'ai entendu parler de l'utilisation de l'hypoventilation par Zatopek et les coureurs des pays de l'Est. Les Américains aussi avec « Doc » Counsilman, entraîneur émérite de l'équipe de natation américaine des années 1970 et véritable « idéologue » pédagogique de la natation moderne, l'auraient expérimentée.

Ses résultats ?

Il faut escompter selon nos recherches et nos observations des améliorations de résultats de l'ordre de 2 à 5 % chez des coureurs, des nageurs ou des cyclistes. Cette méthode est cependant plus adaptée pour les disciplines sportives comme le sprint court et long, le demi-fond, la natation... La liste n'est pas exhaustive, cela va de soi.

Pensez-vous que votre méthode puisse être couplée avec un entraînement en altitude ?

Je n'en vois pas l'intérêt puisque le principal avantage de la méthode de l'hypoventilation est justement d'éviter d'aller s'entraîner ou de pratiquer en altitude. Il peut y avoir un certain effet concurrentiel avec les autres méthodes hypoxiques car elle ne nécessite aucun achat de matériel, pas de déplacement en stage d'altitude...

L'hypoventilation représente une approche différente, un outil complémentaire.

Il est important de comprendre que cette méthode induit un double effet physiologique : une baisse de l'oxygène et une augmentation des concentrations en CO_2 dans l'ensemble de l'organisme. Cet effet combiné de l'hypoxie et de l'hypercapnie va permettre des adaptations intéressantes, notamment une réduction de l'acidose[7] dans le sang et les muscles.

---

7 M. WOORONS distingue les effets aigus des effets chroniques de l'entraînement. D'une part, les effets aigus de l'entraînement en hypoventilation au moment de l'exercice engendrent de l'acidose. D'autre part, les effets chroniques représentent les adaptations physiologiques survenant après l'entraînement, quand la respiration redevient normale et que, par voie de conséquence, l'acidose diminue. Après plusieurs semaines d'entraînement, au cours d'un exercice très intense dans des conditions de respiration normale, l'acidose est diminuée ou plutôt retardée. La fatigue est repoussée et la performance améliorée.

Quelles sont les précautions à prendre avant toute séance ?

La méthode s'adresse avant tout à des sportifs recherchant la performance et non à des sédentaires. *A priori*, elle n'est pas dangereuse pour des sportifs bien entraînés et préparés. Elle est contre-indiquée à des personnes souffrant d'hypertension.

Au cas par cas, un avis médical peut être sollicité.

Que proposez-vous comme prestations autour de l'hypoventilation ?

Des conférences essentiellement et des réponses aux entraîneurs qui s'interrogent sur le bien-fondé de cette méthode et sur son application personnalisée. Des fédérations se rapprochent de moi, c'est bon signe. Cela fait bouger les lignes.

Un livre, *L'entraînement en hypoventilation*, *Repoussez vos limites !*, paru en 2014, vulgarise le sujet à l'adresse des entraîneurs et des sportifs prêts à tenter l'aventure de cette nouvelle préparation physique.

Propos recueillis par Jean-Bernard PAILLISSER

Pour éviter les querelles de mots...

Les sujets traités dans le cadre de ce chapitre exigent des connaissances de base des phénomènes abordés. Le lexique ci-dessous répond à cet objectif.

Hypoxie : Faible concentration ou diminution d'oxygène dans le sang et les tissus survenant à la suite d'une hypoxémie.

Hypoxémie : Diminution modérée de la quantité d'oxygène dans le sang.

Hypercapnie : Forte concentration ou augmentation du CO_2 (gaz carbonique) dans le sang.

Hyperventilation : Augmentation de la ventilation pulmonaire par activité physique ou sportive ou par l'anxiété (par exemple stress compétitif).

Respiration : Échange gazeux au niveau alvéolaire permettant l'oxygénation des poumons et du sang et rejetant le gaz carbonique.

Protocole LHTLHi (Living High Training Low and High interspersed)

Protocole LHTLHi	Altitude optimale	Durée optimale	Types de sports
Vivre en haute et basse altitude, s'entraîner en basse et haute altitude, de façon interrompue	2 000 à 3 000 m	Sur 3 ou 4 semaines en fonction des objectifs : • LHTL, 5 nuits à 3 000 m suivies de 2 nuits au niveau de la mer • 2 ou 3 sessions d'IHT par semaine	Sports intermittents (applicable aux sports collectifs)

Figure 7 – Protocole LHTLHi d'après G. Millet et L. Schmitt, S'entraîner en altitude, *De Boeck, 2011.*

Proposé par Grégoire Millet et Laurent Schmitt, ce protocole vise à combiner les avantages des différentes méthodes citées précédemment en vue d'améliorer les performances aérobies et anaérobies.

Le repos en altitude modérée (2 000 à 3 000 mètres) a pour objectif d'induire des modifications hématologiques favorisant le transport de l'oxygène. L'alternance avec des nuits passées à basse altitude (1 ou 2 nuits toutes les 5 ou 6 nuits) peut potentiellement limiter les effets délétères d'une exposition chronique à l'hypoxie. L'entraînement à basse altitude permet de conserver les intensités habituelles, et en altitude, il permet les adaptations musculaires aérobies et anaérobies induites par des exercices à haute intensité. Ce protocole semble être intéressant pour les sports intermittents de type sports collectifs. Mais il n'est pas à exclure qu'il puisse aussi permettre d'individualiser l'entraînement en hypoxie pour les athlètes des sports d'endurance (adaptation de la charge hypoxique, travail de force et de vitesse…).

Ce qu'il faut retenir

Comme c'est souvent le cas en matière d'entraînement, il est difficile de trouver un « protocole miracle ». L'optimisation de l'entraînement en hypoxie va probablement consister en un savant mélange entre les différents protocoles en fonction des réponses individuelles à l'hypoxie.

L'entraînement n'est pas une science exacte, il s'inscrit dans un contexte beaucoup plus complexe de la physiologie humaine qui doit prendre en compte les capacités de réponse de l'individu dans toutes ses dimensions (physiologiques, psychologiques, socioprofessionnelles...).

Il est donc nécessaire de s'interroger simultanément sur ces objectifs, sur les effets attendus de l'entraînement et sur ses propres capacités de réponse avant de se lancer dans un protocole d'entraînement en altitude.

De plus, même après avoir passé toutes ces étapes, le résultat n'est pas garanti ; la faute incombe à la variabilité interindividuelle des réponses à l'entraînement.

L'entraînement en hypoxie est un élément de plus dans la trousse à outils des entraîneurs, une autre façon de déstabiliser l'organisme pour générer de nouvelles adaptations.

Les observations de l'entraîneur, le ressenti de l'athlète et les échanges au sein du couple entraîneur-entraîné permettront à chacun d'optimiser un protocole. L'art d'entraîner en quelque sorte...

Pour aller plus loin…

(1) Grégoire Millet, Laurent Schmitt, *S'entraîner en altitude*, De Boeck, 2011.

(2) A. Hauser *et al.*, « *Individual hemoglobin mass response to normobaric and hypobaric "live high-train low", A one-year crossover study* », *Journal of Applied Physiology*, août 2017.

(3) J. J. Saugy *et al.*, « *Same Performance Changes after Live High-Train Low in Normobaric vs. Hypobaric Hypoxia* », *Frontiers in Physiology*, avril 2016.

(4) Grégoire Millet, Franck Brocherie, Raphael Faiss, Olivier Girard, *Entraînement en altitude dans les sports collectifs*, De Boeck, 2015.

(5) F. Brocherie *et al.*, « *Effects of Repeated-Sprint Training in Hypoxia on Sea-Level Performance : A Meta-Analysis* », *Sports Medicine*, août 2017.

(6) O. Girard *et al.*, « *Effects of Altitude/Hypoxia on Single – and Multiple – Sprint Performance : A Comprehensive Review* », *Sports Medicine*, octobre 2017.

(7) Xavier Woorons, *L'entraînement en hypoventilation, Repoussez vos limites !*, ARPEH, 2014.

(8) X. Woorons *et al.*, « *Acute effects of repeated cycling sprints in hypoxia induced by voluntary hypoventilation* », *European Journal of Applied Physiology*, décembre 2017.

(9) G. P. Millet, B. Roels, L. Schmitt, X. Woorons, J.-P. Richalet, « *Combining hypoxic methods for peak performance* », *Sports Medicine*, janvier 2010.

(10) V. Billat, *L'entraînement en pleine nature, Conseils de préparation aux sports outdoor*, De Boeck, 2005.

4

TUTOYER LES SOMMETS : MAÎTRISER LES RISQUES MÉDICAUX LIÉS À L'ALTITUDE

Ce chapitre recense les principales pathologies liées à l'altitude et aux conditions climatiques qui y règnent. Il s'agit de faire de l'acclimatement un passage obligé et de choisir ses objectifs en toute connaissance de cause.

En abordant la problématique du mal aigu des montagnes (MAM), de l'acclimatation et des maladies causées par le froid et la chaleur, l'objectif de ce chapitre est double :

- Informer de façon à adopter une démarche préventive.
- Permettre à chacun de savoir repérer les signes d'alerte et le niveau de gravité des pathologies rencontrées afin d'avoir une réaction adaptée à la situation.

Une seconde partie aborde les contre-indications absolues et relatives à un séjour en altitude.

La dernière partie de ce chapitre est consacrée à la consultation spécialisée de médecine de montagne et à la présentation de deux structures impliquées dans la recherche en médecine de montagne et la télémédecine (Ifremmont et Altidoc).

D'un point de vue médical, l'environnement montagnard peut rapidement devenir hostile pour la santé. Les problèmes de santé survenant lors des séjours en altitude ont principalement les causes suivantes :

- L'altitude elle-même.
- Les conditions climatiques rencontrées en altitude (froid, chaleur).
- La décompensation de pathologies préexistantes.

Les maladies liées à l'altitude (1) (2) (3)

Le syndrome le plus connu et le plus fréquent est le **mal aigu des montagnes** (**MAM**).

Symptômes

- Maux de tête d'intensité variable (dans 96 % des cas).
- Troubles du sommeil et insomnies (dans 70 % des cas).
- Essoufflement (dans 59 % des cas).
- Fatigue persistante au repos et lassitude (dans 40 % des cas).

- Perte d'appétit (dans 38 % des cas).
- Nausées et vomissements (dans 35 % des cas).
- Troubles neurologiques et neuropsychologiques transitoires ou permanents dont l'incidence augmente nettement au-dessus de 5 000 mètres d'altitude (vertiges et pertes d'équilibre, agressivité, délire, troubles de la parole et de la mémoire, léthargie, paralysie).

Ces symptômes sont les signes d'une acclimatation incomplète à l'altitude. Ceci est le plus souvent dû à une montée trop rapide.

L'organisme est capable de s'acclimater à l'hypobarie (baisse de la pression atmosphérique) et à l'hypoxie (raréfaction de l'oxygène), mais il lui faut du temps. La durée de l'acclimatation dépend de l'altitude. Il faut compter quelques jours à 3 000 mètres, 2 semaines entre 4 000 et 5 000 mètres et plusieurs semaines au-delà de 5 000 mètres.

Au-delà de 3 500 mètres, il est conseillé de ne pas monter trop vite. La différence d'altitude entre deux nuits consécutives ne doit pas dépasser 300 à 500 mètres de dénivelé positif entre les deux bivouacs.

Durant cette phase d'acclimatation, même si on sent que la forme est là, il faut s'abstenir de fournir des efforts intenses à but d'entraînement car ils pourraient favoriser la survenue d'un MAM.

Pour faire face au manque d'oxygène, les principaux mécanismes compensateurs mis en place sont :

- L'hyperventilation et l'accélération de la fréquence cardiaque (FC). Compensation immédiate : phase d'accommodation d'une durée de 12 à 36 heures.
- L'augmentation de la production de globules rouges pour améliorer le transport de l'oxygène (O_2). Compensation nécessitant plusieurs jours : phase d'acclimatation. Cette dernière étape passe par la sécrétion d'une hormone, l'EPO (érythropoïétine), qui stimule la production de réticulocyte aboutissant en 6 à 7 jours à la formation de globules rouges supplémentaires.

L'hyperventilation permet d'augmenter l'apport en O_2, mais entraîne aussi une élimination plus importante du gaz carbonique (CO_2) conduisant au phénomène d'hypocapnie (diminution de la teneur en CO_2 dans le sang). À très haute altitude, ce phénomène semble être à l'origine de certains troubles neurologiques en provoquant une vasoconstriction de certains secteurs du cortex cérébral.

Les symptômes du MAM peuvent donc survenir quelques heures après l'arrivée en altitude.

L'incidence (c'est-à-dire la fréquence) du MAM est d'environ 15 % à 2 000 mètres, 25 % à 3 000 et 60 % à 4 000 mètres d'altitude.

Le plus souvent, le MAM est bénin et le repos ou la redescente (d'environ 500 mètres de dénivelé) suffisent à atténuer et faire disparaître les symptômes.

Mais dans 2 % des cas, le MAM présente des complications qui peuvent être mortelles. Il est donc nécessaire de savoir identifier les signes de gravité du MAM (voir tableau 1, Évaluation de la gravité du MAM et conduite à tenir). Le MAM décompense plus volontiers pendant la nuit, c'est la raison pour laquelle il ne faut jamais laisser dormir seule une personne qui présente des symptômes importants le soir.

Symptômes	Gravité du MAM	Conduite à tenir
• Maux de tête cédant aux antalgiques classiques (paracétamol, aspirine) • Nausées et perte d'appétit • Insomnies • Vertiges	Niveau 1	• Antalgiques • Ne pas dépasser une différence d'altitude de plus de 400 mètres entre 2 nuits consécutives au-dessus de 3 000 m
• Maux de tête ne cédant pas aux antalgiques classiques • Vomissements • Œdèmes périphériques	Niveau 2	• Hydratation • Antalgiques • Repos, stopper la progression en altitude
• Essoufflement au repos • Fatigue persistante au repos • Troubles neurologiques • Baisse du volume des urines	Niveau 3	• Hydratation • Descente obligatoire et prise en charge médicale à adapter en fonction des équipements disponibles et de la formation des encadrants

Tableau 1 – Évaluation de la gravité du MAM et conduite à tenir.

Maladie	Signes d'alerte	Conduite à tenir
• Œdème (gonflements) localisé de haute altitude	• Œdèmes périphériques (jambes, chevilles, poignets, yeux et visage) • Diminution des émissions d'urine	• Hydratation • Repos à la même altitude (48 heures) • Traitement médicamenteux • Caisson hyperbare
• Œdème pulmonaire de haute altitude (OPHA) • Œdème cérébral de haute altitude (OCHA)	• Fatigue extrême, impossibilité de reprendre son souffle au repos (dyspnée de repos) • Toux, grésillements venant du fond de la gorge, crachats de mousse saumonée • Maux de tête violents. • Troubles de l'équilibre (ataxie) • Troubles du comportement allant de la somnolence à l'agitation, hallucinations	**Urgence vitale** • Descente • Oxygénothérapie si possible • Caisson hyperbare • Traitement médicamenteux

Tableau 2 – Principales complications du MAM et signes d'alerte associés.

Les signes d'adaptation à l'altitude mesurables par tous (4)

La phase d'accommodation ou adaptation aiguë

Concernant la phase aiguë (les 8 à 10 premiers jours d'exposition), voici quelques signes d'adaptation physiologique à l'hypoxie facilement mesurables par tous :

- Une augmentation de la fréquence cardiaque (FC) au repos ou à l'effort. Chez les personnes entraînées, on assiste à une augmentation moindre de la FC. La FC est facilement mesurable à l'aide d'un simple cardiofréquencemètre ou en prenant son pouls sur une minute. Ne pas hésiter à faire des mesures de sa FC au repos et à l'effort avant de partir en altitude de façon à avoir des valeurs de référence.

- Une hyperventilation associée à une augmentation du volume d'air ventilé (dont l'évaluation sur le terrain est assez subjective, mais qui peut être la source de vertiges modérés) et à une accélération de la fréquence respiratoire au repos à des altitudes supérieures à 6 000 mètres. La fréquence respiratoire normale d'un adulte au repos est de 12 à 20 cycles (inspiration/expiration) par minute. Elle est plus élevée chez l'enfant (20 à 30 cycles par minute).
- La saturation artérielle en oxygène (SpO_2) +++ est une mesure essentielle, désormais possible grâce à l'oxymètre de pouls portable (30 à 40 € sur Internet).

Les valeurs supérieures à 85 % prises au repos sont considérées comme normales au-dessus de 4 000 mètres ; les valeurs comprises entre 75 et 85 % sont en principe en faveur d'un MAM ; les valeurs inférieures à 75 % sont souvent associées à des complications et doivent inciter à redescendre la personne.

La pression artérielle n'est plus considérée maintenant comme un facteur de surveillance.

De la phase d'acclimatement ou adaptation chronique à la désadaptation

Au-delà de 10 jours en altitude, lors de la phase d'adaptation chronique à l'hypoxie, la FC au repos et lors d'un exercice sous-maximal reste supérieure à celle observée au niveau de la mer. Par contre, pour un exercice d'intensité maximale, elle est plus basse qu'au niveau de la mer.

Dans le cas d'une exposition à l'hypoxie sur le long terme (supérieure à un mois), on peut observer une perte de poids en lien avec une réduction de la prise alimentaire et une dégradation des protéines musculaires. Il semble important de s'assurer que cette perte de poids ne soit pas liée à une déshydratation et concerne principalement la masse grasse (mesure des plis cutanés à l'aide d'une pince). Une perte trop importante de masse maigre (perte de volume musculaire) est un signe de désadaptation de l'organisme à l'altitude, le plus souvent par épuisement.

Évidemment, tout au long du séjour en altitude, beaucoup d'autres paramètres peuvent être suivis pour évaluer l'adaptation à l'hypoxie mais ils nécessitent du matériel et un savoir-faire spécifique (mesures de paramètres cardiaques, sanguins, neurovégétatifs et musculaires).

Les maladies liées aux conditions climatiques (1) (2) (5) (6)

Les pathologies en relation avec le froid

L'homme est un homéotherme : sa température centrale (cœur, foie, reins, poumons, gros vaisseaux et cerveau) doit absolument rester à 37 °C. Cette température peut varier en périphérie.

La température de l'air ambiant diminue de 0,85 °C tous les 100 mètres. Certains paramètres climatiques créent un écart entre la température réelle et la température ressentie. Le vent (effet Windchill ou facteur vent) est l'un des éléments expliquant ce phénomène.

Vitesse du vent (km/h)	Température de l'air (°C)						
0	15	10	5	0	- 5	- 10	- 15
10	13	8	2	- 3	- 9	- 14	- 20
20	10	3	- 3	- 9	- 16	- 22	- 29
30	8	1	- 6	- 13	- 20	- 27	- 34
40	6	- 1	- 8	- 16	- 23	- 31	- 38
50	5	- 2	- 10	- 18	- 25	- 33	- 40
60	5	- 3	- 11	- 19	- 27	- 34	- 42

Tableau 3 – L'effet Windchill ou facteur vent.

Pour une température réelle de 0 °C en l'absence de vent, la capacité de refroidissement d'un vent à 40 km/h équivaut à une température ressentie de – 16 °C (sources : Environnement Canada, Philippe Demoulin, www.astro-ulg.ac.be).

Dans le cadre d'un entraînement en altitude réelle, le facteur vent est un élément indispensable à prendre en compte pour prévenir la survenue de maladies liées au froid. Par exemple, en zone bleue, le risque de gelures est faible lors d'une exposition prolongée. Ce risque devient fort en zone rouge.

Maladie	Symptômes et conduite à tenir
Hypothermie : un état d'hypothermie se définit par une température centrale inférieure à 35 °C.	**Hypothermie physiologique (de 37 °C à 35 °C)** Signes : frissons intermittents. **Hypothermie modérée (de 35 °C à 32 °C)** **Stade 1** Frissons permanents, conscience conservée, pouls rapide, téguments froids avec horripilation. • Protéger du froid et réchauffer énergiquement la victime, lui donner des boissons chaudes. **Hypothermie sévère (de 32 °Cà 28 °C)** **Stade 2** Arrêt des frissons, hallucinations, délire, perte de conscience, hypertonie musculaire modérée, téguments glacés et livides, peau sèche et cyanosée. **Hypothermie majeure (de 28 °C à 25 °C)** **Stade 3** Inconscience, cœur battant, pouls régulier mais lent, rigidité importante. • Protéger la victime du froid, ne pas la mobiliser brutalement (risque d'arrêt cardiaque) mais à l'aide de duvets et de bouillottes, alerter les secours. **Hypothermie maligne (de 25 °C à 13 °C)** **Stade 4** Coma, état de mort apparente, fibrillation cardiaque, pas de pouls ressenti, rigidité majeure et risque d'apnée. • Protéger la victime du froid, massage cardiaque si le ventre et le thorax sont dépressibles, alerter les secours. **Hypothermie létale (en dessous de 13 °C)** **Stade 5** Asystolie cardiaque, ventre et thorax gelés non dépressibles, non réanimable.

Maladie	Symptômes et conduite à tenir	Prévention
Gelure des extrémités (pieds, mains, parties du visage mal protégées ou zone en contact directe avec une surface froide)	Le signe principal d'une gelure est la perte de sensibilité. **Stade 1** La sensibilité revient dès que l'on pratique un réchauffement actif (massage, bain d'eau chaude (38 °C-40 °C). Les doigts livides et froids se recolorent vite. Cette phase peut s'accompagner d'une sensation de « débattue » (ou onglée). • Reprise prudente de l'activité. **Stade 2** L'insensibilité persiste et les phalanges distales restent bleues avec apparition secondaire d'ampoules (12 à 24 heures plus tard) qu'il faudra soigner. • Arrêt de l'exposition au froid et bain d'eau chaude en ajoutant un antiseptique dans l'eau. **Stade 3** La perte de sensibilité et la coloration bleutée concernent plusieurs phalanges d'un même doigt sans atteindre la main ou l'avant-pied. • Bain d'eau chaude (avec antiseptique), évacuation en urgence car il y a un risque d'amputation. **Stade 4** L'insensibilité et la coloration bleutée concernent les doigts et la main ou l'avant-pied. • Bain d'eau chaude (avec antiseptique), évacuation en urgence car il y a un risque majeur d'amputation. Attention au risque de gonflement de la zone atteinte (ne pas enlever trop longtemps les chaussures si le malade doit encore marcher).	**À éviter** • L'alcool (engendre une dilatation des vaisseaux sous-cutanés entraînant une déperdition de la chaleur). • Le tabac (réduit l'apport sanguin aux extrémités). **À faire** • Veiller à ce que les vêtements qui protègent les extrémités soient secs, qu'ils ne compriment pas, et privilégier les vêtements et les chaussures qui respirent. **À ne pas confondre avec le syndrome de Raynaud.** Il s'agit d'une affection chronique qui ne touche que les doigts longs (jamais le pouce). On distingue trois phases faisant référence à la couleur de la peau : la phase blanche (avec une sensation de peau cartonnée), la phase bleue (avec une sensation de raideur des doigts) et la phase rouge (non douloureuse). **À ne pas confondre avec une engelure ou une allergie au froid.** Ces deux pathologies présentent des manifestations cutanées (boutons ou plaques), s'accompagnant de rougeurs et de démangeaisons et pouvant engendrer des douleurs, des brûlures et des œdèmes locaux.

Maladie	Symptômes et conduite à tenir	Prévention
Gelure de la cornée (œil)	Elle survient lors d'une exposition à un vent froid (dessèchement de la cornée) en altitude. Le symptôme initial est une sensation de vision floue, qui peut conduire à une perte transitoire de la vue. Elle peut s'accompagner d'une gelure des paupières (larmes, troubles de la perception du relief, gêne lors d'une exposition à la lumière). • **Stopper l'exposition au froid et protéger les yeux de la victime avec un masque ou un pansement occlusif, réchauffer à l'aide d'un dispositif tiède et humide appliqué sur les yeux (compresses, sachets de thé) et consultation spécialisée.**	**Il est conseillé de porter des lunettes ou un masque bien plaqués sur le visage ou qui possèdent des protections latérales.** **À ne pas confondre avec une rétinopathie d'altitude liée à une hémorragie.** À très haute altitude (altitudes himalayennes), cette pathologie se manifeste par un flou visuel, l'apparition d'un voile noir, une vision double et la perte d'une partie du champ de vision.

Tableau 4 – Les maladies liées au froid.

Les pathologies en relation avec la chaleur

L'hygrométrie (humidité de l'air) est un autre élément expliquant les différences entre température réelle et température ressentie.

L'un des mécanismes essentiels de la thermorégulation est la transpiration. C'est le mécanisme utilisé par l'organisme pour évacuer l'eau à travers la peau. Cette eau, en s'évaporant (c'est-à-dire en passant de l'état aqueux à l'état gazeux), utilise les calories excédentaires au niveau de la peau et c'est ainsi que le corps se refroidit.

Plus l'altitude augmente, plus le degré d'hygrométrie diminue ; l'air devient donc plus sec. Associé à l'hyperventilation liée à l'altitude et à l'effort, ce contexte favorise le refroidissement par ce mécanisme de transpiration. L'hyperthermie est donc moins fréquente. En altitude simulée ou lors des entraînements à basse altitude, les températures et le taux d'hygrométrie sont plus élevés qu'en altitude réelle. Le mécanisme de transpiration est donc gêné car l'eau de la sudation n'arrive plus à s'évaporer pour refroidir le corps. De plus, la sensation de chaleur est augmentée par cette hygrométrie. Ce phénomène est amplifié à l'effort, ce qui peut conduire au développement d'une hyperthermie maligne.

Température de l'air (°C)	Température ressentie (°C) en fonction de l'humidité relative de l'air (%)			
	40 %	60 %	80 %	100 %
21	21	24	26	29
25	26	30	34	37
28	31	35	39	44
30	34	39	43	48
33	38	44	50	55
35	40	46	53	58

Tableau 5 – L'indice humidex.

Pour une température réelle de 25 °C en l'absence d'humidité, la capacité de réchauffement d'une humidité relative de l'air à 80 % équivaut à une température ressentie de 34 °C (source : Environnement Canada, Philippe Demoulin, www.astro-ulg.ac.be).

En zone jaune, une sensation de malaise plus ou moins importante est ressentie. Il est nécessaire d'adapter l'intensité des séances d'entraînement. En zone orange, il faut éviter les efforts. En zone rouge, le danger d'hyperthermie est très important et le danger de mort est réel en zone marron.

Maladie	Symptômes	Conduite à tenir et prévention
Pathologies en lien avec le rayonnement UV	**Coup de soleil** Source de brûlures cutanées.	Utiliser des crèmes solaires à fort indice de protection, renouveler les applications régulièrement (5 fois par jour environ) et bien se protéger la tête, la nuque, les lèvres (baume avec protection anti-UV).
	Ophtalmie des neiges Il s'agit d'une brûlure de la conjonctive et de la cornée au niveau de l'œil. Le malade a la sensation d'avoir du sable ou du verre pilé dans l'œil. Elle s'accompagne d'une douleur intense, le plus souvent la nuit suivant l'exposition.	Appliquer une compresse tiède et humide sur les yeux et porter un bandeau protecteur pendant 24 heures (guérison spontanée en 48 heures). En prévention, porter des lunettes de soleil avec un niveau de protection adapté à la montagne.
Hyperthermie	Il s'agit d'une élévation anormale de la température centrale liée à la chaleur, induite par le rayonnement solaire et l'activité physique. **Symptômes** • Malaise, agitation • Hypersudation • Peau brûlante • Sensation de bourdonnements	**Facteurs favorisants** • Déshydratation • Surpoids • Régimes hyper-protéinés • Être trop couvert • Activité physique intense • Utilisation de médicaments (diurétiques, antalgiques)
Hyperthermie maligne	En cas d'hyperthermie maligne, **la sudation est bloquée et la peau est brûlante et sèche**. Le risque de décès imminent est à considérer.	**Conduite à tenir** Déshabiller et hydrater la victime et stopper l'activité physique. **Signes de gravité** **En cas d'hallucinations, de délire, de sécheresse cutanée et surtout d'absence de sudation, il faut faire évacuer la victime vers un hôpital car elle souffre d'hyperthermie maligne pouvant mettre en jeu son pronostic vital.**

Maladie	Symptômes	Conduite à tenir et prévention
Déshydratation	L'altitude favorise la déshydratation (hygrométrie, vent, hyperventilation liée à l'hypoxie). **Signes** • Sécheresse buccale • Fatigue, cernes oculaires • Baisse des émissions d'urine • Accélération du rythme cardiaque • Baisse de la pression artérielle • Hallucinations, vertiges, bourdonnements	Il ne faut pas attendre d'avoir soif pour boire. L'idéal est de boire un litre par heure réparti en deux ou quatre prises. L'eau seule ne réhydrate pas de façon optimale, il faut privilégier les boissons contenant des minéraux et une source d'énergie (glucides : maltodextrine et saccharose, par exemple). Plus il fait froid, plus la boisson sera concentrée, et plus il fait chaud, plus la boisson sera diluée.

Tableau 6 – Les maladies liées à la chaleur.

Attention !

L'épuisement favorise la survenue de ces situations pathologiques. À elle seule l'altitude est déjà un défi pour notre organisme en termes d'adaptations physiologiques. Il est donc nécessaire de respecter une phase d'acclimatation avant d'envisager de réaliser un quelconque défi physique.

Les contre-indications absolues et relatives à un séjour en altitude (1) (2)

Pour toute personne atteinte par l'une de ces maladies, la consultation de médecine de montagne est un passage obligatoire (voir paragraphe suivant) et elle ne dispense pas de faire part de son séjour en altitude à son médecin traitant ou au spécialiste assurant son suivi médical.

À noter que la plupart des contre-indications listées ci-après s'appliquent à des séjours se déroulant à des altitudes supérieures ou égales à 2 500 mètres.

Contre-indications absolues	Contre-indications relatives
Maladies cardiaques sévères ou cyanogènes	Maladies cardio-vasculaires contrôlées (pathologies cardiaques modérées, hypertension artérielle contrôlée)
Pour les malades cardiaques, l'acclimatation est un élément clef du bon déroulement d'un séjour en altitude. Elle a pour objectif de laisser le temps à l'organisme d'augmenter le nombre de globules rouges pour compenser le manque d'oxygène.	
Maladies respiratoires (asthme sévère, bronchite chronique, emphysème et insuffisance respiratoire chronique)	Maladies respiratoires (asthme au froid et à l'effort, bronchite chronique, emphysème, sinusite chronique)
Antécédent d'accident vasculaire cérébral (AVC)	Épilepsie
Maladies vasculaires et sanguines (artériopathie des membres inférieurs, troubles de la coagulation sanguine, drépanocytose homozygote, anémie sévère)	Maladies vasculaires et sanguines (drépanocytose hétérozygote, thalassémie, anémie modérée, antécédent de phlébite spontanée)
Antécédent psychiatrique majeur	Troubles psychiatriques mineurs
Insuffisance rénale	Coliques néphrétiques
Antécédents d'œdème pulmonaire ou d'œdème cérébral de haute altitude répétés	Antécédent d'œdème pulmonaire et d'œdème cérébral de haute altitude
	Migraines
	Apnée du sommeil
	Diabète
	Obésité
	Insuffisance hépatique
	1er et 3e trimestre de grossesse
	Nourrisson de moins de 18 mois
	Prise de contraceptifs fortement dosés
	Scoliose grave
	Allergies
Toute personne ayant des problèmes de santé connus doit préparer son séjour en altitude avec le spécialiste qui assure son suivi médical (règles hygiéno-diététiques particulières, constitution d'une trousse à pharmacie personnelle…). Un exemplaire de la trousse médicale personnelle doit être en possession du malade et un second porté par un autre membre du groupe informé des particularités du traitement (en cas de perte, vol ou perte de connaissance du malade).	

Tableau 7 – Les contre-indications absolues et relatives à un séjour en altitude.

La consultation de médecine de montagne (1) (2) (3)

Pourquoi ?

Tout problème de santé bénin à basse altitude peut décompenser dangereusement en altitude. Il en va de même pour certaines maladies chroniques. Cette consultation sera l'occasion d'adapter les traitements en cours pour faire face aux effets de l'altitude et d'identifier les contre-indications à ce type de séjour. Elle permet aussi de dépister une prédisposition génétique à l'intolérance à l'altitude et de faire le point sur les troubles déjà rencontrés en altitude.

Pour qui ?

Dès que le séjour s'effectue aux alentours de 3 000 mètres d'altitude, qu'il s'agisse d'une première expérience ou que la personne ait déjà rencontré un problème en lien avec l'altitude. La consultation concerne aussi bien les sportifs (athlètes, trekkeurs) que les encadrants (entraîneurs, responsable de groupe). En cas de problème, ces derniers devront être capables d'alerter efficacement les secours adéquats (gendarmerie de haute montagne, SOS MAM et utilisation de la télémédecine, voir encadré Formation de l'interlocuteur médical et SOS MAM).

Quand ?

Deux à trois mois avant le séjour de façon à mettre les vaccinations à jour si le voyage s'effectue sous des latitudes « exotiques ».

Comment ? Le déroulement de la consultation

Elle est réalisée par en médecin diplômé en médecine de montagne. Elle comprend :

- Un interrogatoire et un examen clinique.
- Un test à l'hypoxie (le test à l'hypoxie se fait toujours au repos et à l'exercice).
- Une phase d'« éducation thérapeutique » : règles d'acclimatation à l'altitude, prévention et gestion du mal aigu des montagnes, constitution d'une trousse à pharmacie en fonction des compétences médicales des responsables du séjour, règles de protection contre le froid et les rayonnements

solaires, diététique et hydratation, informations sur les signes de désadaptation à l'altitude.

Où ?

Liste et coordonnées des centres de consultation de médecine de montagne

FRANCE

Bordeaux
- Hôpital cardiologique du Haut-Lévêque (Dr Douard/Dr Boulet) 33604 Pessac +33 5 57 65 65 43

Briançon
- Centre médico-sportif (Dr Briot/Dr Rovel) 05100 Briançon +33 4 92 20 10 33

Chamonix
- ALTIDOC (Dr Cauchy/Dr Zellner) 74400 Chamonix +33 4 50 53 84 35 +33 9 62 62 19 98 téléconsultation@altidoc.com

Sallanches
- Hôpitaux du Pays du Mont Blanc (Dr Duperrex) 74 700 Sallanches +33 4 50 47 30 89

Grenoble
- CHU Hôpital Sud (Dr Doutreleau et coll.) 38140 Échirolles +33 4 76 76 54 94 Albertville
- CH Albertville-Moutiers (Dr Rousseau-Blanchi) 73200 Albertville +33 4 79 37 85 42

Lyon
- Hôpital de la Croix-Rousse (Dr Germain) 69317 Lyon +33 4 72 07 18 62
- Centre de médecine du Sport de Lyon Gerland (Dr Valour) 69007 Lyon +33 4 72 76 00 30

Marseille
- Hôpital de la Timone (Dr Monnier) 13385 Marseille
- +33 4 9138 57 84

Montpellier
- Hôpital Arnaud de Villeneuve (Dr Hayot et coll.) 34295 Montpellier Cedex 5
- +33 4 67 33 59 08

Nancy
- CHRU Nancy Brabois (Dr Chenuel/Dr Poussel) 54511 Vandœuvre-lès-Nancy
- +33 3 83 15 78 21

Nantes
- Hôpital Saint-Jacques (Dr Dupré-Séjourné) 44035 Nantes
- +33 240846061

Paris
- Hôpital Avicenne (Dr Lhuissier) 93009 Bobigny +33 1489558 32
- Hôpital de Poissy-Saint-Germain (Dr Nédelec/Dr Donnou) 78100 Saint-Germain-en-Laye +33 1 39 27 53 70
- INSEP, département médical (Dr Zagori/Dr Frey) +33 17125 0652

Rennes
- CHU Pontchaillou (Pr Carré/Dr Daniel) 35033 Rennes +33 2 99 28 4133

Rouen
- CHU Hôpital de Bois-Guillaume (Dr Debeaumont) 76230 Bois-Guillaume +33 2 32 88 92 22

Saint-Étienne
- Hôpital Nord (Dr Oriol) 42055 Saint-Étienne +33 4 77 12 79 85

Strasbourg
- Nouvel Hôpital Civil (Dr Lonsdorfer et coll.) 67091 Strasbourg Cedex +33 3 69 55 13 87

Toulouse
- Hôpital Larrey (Dr Pillard) 31059 Toulouse Cedex +33 5 67 77 16 98

SUISSE

Genève
- Centre de médecine du sport et de montagne (Dr Leal) 1232 Confignon Genève +41 22 727 04 70 montagne@cressymed.ch

Lausanne
- CHUV de Lausanne (Dr Sartori) 1011 lausanne +41 21 314 09 30

Sion
- Clinique Romande de Réadaptation SUVA (Dr Riedmatten) 1951 Sion +41 79 377 36 28 matderied@yahoo.fr

BELGIQUE

Julemont
- Centre de physiologie de l'effort (Cbmove) (Dr Biemar/Dr Vergnion/Dr Demanez) 4650Julemont 00 32 43 70 63 36 info@cbmove.be

ITALIE

Aoste

Hôpital d'Aoste (Dr Giardini) 311100 Aoste +39 165 54 44 62

Formation de l'interlocuteur médical et SOS MAM

- Lors de vos stages d'entraînement en hypoxie ou de vos escapades en haute montagne, vous pouvez être confrontés à des problèmes médicaux. Il est indispensable de désigner un « **interlocuteur médical** » dans le groupe, qu'il soit médecin ou non.
- L'Ifremmont, institut de formation et de recherche en médecine de montagne, propose des formations adaptées à chacun (professions médicales ou non) permettant de devenir « **correspondant médical** » pour pratiquer la télémédecine en montagne.
- Par ailleurs, une nouvelle société médicale (ALTIDOC SELAS) propose un service de conseil médical à distance (service SOS MAM) auquel peuvent adhérer ces correspondants médicaux (contact@altidoc.doctor).
- De plus, ces formations dispensées par l'Ifremmont permettent d'acquérir des connaissances théoriques et pratiques. C'est l'occasion d'apprendre à ce servir d'un caisson de décompression hyperbare (pour les MAM de stade 3 et les œdèmes pulmonaire et cérébral d'altitude), d'adapter le contenu de la trousse médicale à l'utilisateur (et surtout pas le contraire !) et de définir la limite des compétences d'un interlocuteur médical non-médecin.

Ce qu'il faut retenir

- Connaître les symptômes du MAM et savoir évaluer leur gravité.
- Connaître les signes d'adaptation et de désadaptation physiologiques à l'altitude.
- Une personne en hypothermie sévère (température inférieure à 32 °C) doit être protégée du froid mais jamais réchauffée de façon énergique.
- L'absence de sudation chez une personne en hyperthermie est un signe de gravité majeur.
- Désigner un « interlocuteur médical » au sein du groupe qui pourra suivre une formation adaptée à son niveau (médecin ou non).

La prévention est la meilleure façon d'éviter de mettre sa santé en danger :

- Respecter une phase d'acclimatation (montée progressive en altitude et intensité d'exercice adaptée).
- Avoir un équipement adapté et ne pas négliger la protection des extrémités et des zones exposées (la tête, les mains, les pieds, les yeux et la peau).
- Ne pas garder des vêtements humides.
- Bien s'hydrater et avoir un apport énergétique suffisant.
- Se soumettre à une consultation de médecine de montagne pour identifier ses risques personnels.

Le regard de l'expert

Entretien avec le Dr Emmanuel Cauchy

- *Directeur de l'Institut de formation et de recherche en médecine de montagne (Ifremmont)*
- *Titulaire du diplôme universitaire de médecine de montagne et du master Physiologie intégrée aux conditions extrêmes*
- *Guide de haute montagne*

D'un point de vue médical, comment doit-on aborder un séjour en altitude ? Quelles sont les règles et les précautions à respecter ?

En altitude, la prise de risques résulte de la combinaison de deux facteurs : la vitesse d'ascension et le niveau d'altitude. Plus on monte vite et haut, plus les risques encourus sont importants.

- La première règle est de respecter les paliers d'acclimatation.
- La seconde règle est de s'assurer de ne pas présenter de contre-indication médicale absolue à l'altitude (tableau 7). Concernant les contre-indications relatives, il faut absolument faire le point avec un médecin spécialisé en médecine de montagne de façon à connaître les risques auxquels on s'expose et à pouvoir y faire face. Une pathologie équilibrée au niveau de la mer peut décompenser en altitude. De plus, certaines maladies peuvent favoriser la survenue de pathologies de montagne. Par exemple, un syndrome d'apnée du sommeil favorise la survenue d'œdème de haute altitude, et les cardiopathies augmentent le risque d'infarctus.

Ensuite, on peut distinguer quatre situations :

- Les personnes ayant un entraînement moyen qui partent en randonnée dans les Alpes occidentales (altitude inférieure à 4 000 mètres). Dans ce cas il n'y a pas de restriction particulière, il faut juste adapter son rythme à ses capacités physiques et aux contraintes du milieu.
- Les personnes très entraînées, préparant une expédition vers un sommet de 8 000 mètres (entraînement spécifique).
- Les personnes qui vont faire de la montagne (sommet en haute altitude) une fois dans leur vie (cas du Kilimandjaro, par exemple).
- Les personnes s'entraînant en salle hypoxique, conditions simulées d'exposition à l'hypoxie.

Dans les trois dernières situations, cas d'effort intensif en milieu hypoxique, il est nécessaire de faire un bilan médical spécifique avant de partir. Les objectifs de la visite seront :

- Informer les patients sur les risques et les règles d'acclimatation.
- Détecter des pathologies préexistantes.
- Faire un point sur le niveau d'entraînement.
- Faire un bilan de l'état physiologique, nécessitant selon les cas des analyses sanguines, un test d'effort en hypoxie qui va permettre d'évaluer la réactivité à l'hypoxie et de prédire le potentiel individuel d'adaptation à la haute altitude, voire un avis cardiologique ou pneumologique supplémentaire (coronaropathie, syndrome d'apnée du sommeil).

Il est important de noter que l'adaptation à l'hypoxie est indépendante du niveau d'entraînement et des pathologies préexistantes.

Aujourd'hui, la médecine de montagne est une médecine prioritairement préventive (test à l'hypoxie entre 100 et 150 €, non remboursable), organisée en réseau et utilisant des protocoles standardisés d'un centre à l'autre. Cette consultation fait partie de la préparation du voyage.

On parle de plus en plus souvent de la télémédecine pour venir en aide aux unités de soins éloignées des grands centres hospitaliers universitaires ou comme moyen d'assistance aux voyageurs de l'extrême. Pouvez-vous nous parler de votre expérience au sein de l'Ifremmont ?

La télémédecine est quelque chose qui a été difficile à mettre en place en raison des impératifs de sécurisation des données médicales. Elle présente un réel intérêt pour les expéditions lointaines.

Son utilisation nécessite une formation préalable, de différents types (présentiel théorique et pratique, théorique en e-learning), s'adressant à un public très large (guide, médecin, touriste). On peut suivre ces formations à titre personnel ou en tant que futur chef de groupe.

Les participants sont formés à l'utilisation des outils qui leur sont utiles lors de la téléconsultation (utilisation des petits saturomètres, formation aux gestes de premiers secours et à l'utilisation des médicaments, aide à la constitution de la trousse médicale d'urgence, utilisation du caisson hyperbare portable).

Les personnes formées bénéficient d'un agrément à pratiquer la télémédecine quel que soit le service.

Parallèlement à l'Ifremmont, une structure médicale a développé un service de télémédecine spécifique à la montagne avec un numéro d'appel dédié (service SOS MAM), où un pool d'experts répond 24 h/24 h. Ce service compte actuellement 5 000 abonnés environ.

En cas d'accident, il ne faut pas oublier que l'obligation de moyen fait partie du cadre légal. Tout membre d'un groupe, et plus particulièrement le chef de groupe ou la structure organisatrice, pourra être poursuivi pour défaut d'assistance.

L'entraînement en hypoxie simulée a tendance à se démocratiser. Peut-on s'entraîner ou se pré-acclimater pour un séjour en haute altitude en utilisant ces dispositifs ?

Traditionnellement, deux options se présentaient pour se préparer à un tel séjour :

- Démarrer 48 heures avant l'ascension un traitement préventif par acétazolamide (Diamox®) permettant de diminuer la prévalence du mal des montagnes.
- S'entraîner en montagne pendant les semaines précédentes à des altitudes supérieures à 3 000 mètres pour sécréter de l'EPO afin de préparer une polyglobulie préalable.

Désormais de nouvelles techniques de préparation sont envisageables grâce à la naissance récente de salles d'entraînement en « hypoxie simulée ». Ces salles permettent non seulement de se préparer à l'ascension de sommets en haute altitude, mais également d'améliorer des performances pour des sports qui n'ont rien à voir avec l'altitude (rugby, hockey...).

À titre d'exemple, une salle de ce type existe au sein du GMO (Canton de Genève en Suisse) [8] où il est possible de venir s'entraîner en suivant des techniques d'IHT (Intermittent Hypoxic Training), non seulement pour les sports de montagne, mais aussi pour tout autre sport pratiqué en basse altitude. De nombreuses publications ont démontré que l'entraînement à des altitudes moyennes (2 500 mètres) améliore les performances musculaires sans qu'il y ait nécessairement augmen-

8 Centre de médecine de montagne Sport@Altitude, Route de Loëx 99, 1232 Confignon, Genève ; Tél. + 41 22 727 04 70 ; Email : secretariat@cressymed.ch.

tation du nombre de globules rouges. Ces chambres, par le biais d'une technologie particulière, permettent d'évoluer dans une ambiance hypoxique, la fraction d'oxygène disponible étant diminuée par rapport à celle de l'azote, ce qui permet, sans modification de pression barométrique, de simuler différents paliers d'altitude allant même jusqu'à celui de l'Everest.

Suivant l'objectif recherché et le sport ciblé, le programme d'entraînement variera son altitude et son type d'effort (endurance, puissance). Des nuits en hypoxie sont aussi possibles pour stimuler la production de globules rouges avant de partir pour une expédition en haute altitude.

Propos recueillis par Axelle BRULPORT

Pour aller plus loin…

(1) Emmanuel Cauchy, *Petit manuel de médecine de montagne, De l'ampoule à l'œdème pulmonaire et de la randonnée à l'expé himalayenne*, Glénat, 2007.

(2) Jean-Pierre Herry et Jean-Paul Richalet, *Médecine de l'alpinisme et des sports de montagne*, 4e édition, Masson, 2006.

(3) www.ifremmont.com.

(4) Grégoire Millet et Laurent Schmitt, *S'entraîner en altitude*, De Boeck, 2011.

(5) J. Mantz, S. Lasocki, L. Fierobe, *Hypothermie accidentelle*, Conférence d'actualisation de la SFAR 1997, Paris, Elsevier, 1997.

(6) Isabelle Philippe, *Guide médical des espaces sauvages, Manuel de médecine pratique pour le sport et le voyage*, Guides Olizane, 2008.

OTEIN 90
SAVEUR VANILLE
POUR 100G
entration maximale en protéines 88.3G PROTEINES
re en sucres et en lipides 22.0G BCAA
s aspartame
COCKTAIL TONIQUE
Complément alimentaire à base de :
Gelée Royale
inseng
uarana
ngembre
gélique
érola
FORMULE CONCENTRÉE
PENDANT L'EFFORT
Punchy bar
Amande
pport glucidique

5

DE L'ALIMENTATION SANTÉ À LA NUTRITION DU SPORT APPLICATIONS AUX CONTRAINTES LIÉES À L'HYPOXIE

L'objectif de ce chapitre est de présenter les différentes étapes qui vont permettre, à travers la nutrition, de préparer l'organisme à mettre en place les adaptations physiologiques induites par l'entraînement.

Dans un premier temps, sera abordée la notion d'alimentation santé inspirée du régime crétois, qui sert de base à notre alimentation quotidienne.

Dans un second temps, sont mentionnées les adaptations à apporter à ce régime de base dans le cadre d'une activité physique.

Enfin, sont soulignés les enjeux particuliers liés à une exposition à l'hypoxie.

Tout au long de ce chapitre, les éléments constitutifs de notre alimentation (macronutriments et micronutriments) sont présentés sous trois angles : leurs rôles fonctionnels, les aspects énergétiques et les interdépendances existantes entre les nutriments.

Depuis plusieurs années, la façon d'appréhender la nutrition du sportif a évolué. On est passé d'un raisonnement basé sur l'optimisation des apports énergétiques (pour couvrir les besoins spécifiques à la pratique d'une activité physique) à un raisonnement plus fonctionnel visant à optimiser la santé et améliorer les performances en créant un contexte favorable aux réponses à l'entraînement, en agissant en particulier sur les moments d'apport.

Les protéines, les lipides et les glucides ne sont pas considérés uniquement comme sources d'énergie, mais aussi comme des éléments fonctionnels permettant aux muscles et aux grands systèmes de l'organisme (systèmes immunitaire, digestif, nerveux, endocrinien…) de faire face et de s'adapter aux contraintes de l'activité physique.

De plus, dans cette approche, une attention particulière est portée aux apports en micronutriments, oligoéléments et vitamines (éléments non énergétiques ayant un rôle fonctionnel important), qui sont des cofacteurs de réactions enzymatiques, c'est-à-dire qu'ils optimisent l'action des enzymes permettant ainsi le bon déroulement des réactions chimiques au sein de l'organisme.

Une alimentation santé inspirée du régime crétois (1) (2) (3) (4)

Tous les conseils spécifiques à la nutrition du sport sont applicables et bénéfiques dans le cadre d'une alimentation visant à optimiser la santé. Voici quelques éléments clefs à mettre en place au quotidien.

Les lipides

Actuellement, notre alimentation est trop riche en acides gras de la famille des oméga 6 (n-6), en acides gras saturés (AGS) issus de transformations industrielles, et trop pauvre en acides gras polyinsaturés (AGPI) de la famille des oméga 3 (n-3).

Les lipides ayant des rôles fonctionnels très importants (voir figure 8, Rôles fonctionnels des lipides), il est nécessaire d'équilibrer les apports en acides gras.

L'objectif principal est d'arriver à avoir un rapport n-6 / n-3 inférieur à 4 dans l'assiette et de conserver un apport suffisant en acides gras saturés (AGS) de qualité (fromage, beurre). Pour y arriver, quelques modifications sont à apporter au quotidien.

Les huiles

- 3 cuillerées à soupe d'huile de colza par jour en assaisonnement (contient de l'acide alpha-linolénique : AGPI de la famille des n-3) pour un homme et 2 cuillerées à soupe pour une femme.

Le rapport n-6 / n-3 de l'huile de colza est de 2,4.

En comparaison, ce rapport est de 124 pour l'huile de tournesol et de 59 pour l'huile de maïs.

- 1 cuillerée à soupe d'huile d'olive par jour, stable à la cuisson.

Si possible, utiliser des huiles biologiques, de première pression à froid, contenues dans des bouteilles en verre et stockées dans un endroit frais à l'abri de la lumière.

Les poissons gras

Il est recommandé d'augmenter sa consommation de poisson gras (anchois, flétan, maquereau et sardine, par exemple) pour les apports en EPA (acide eicosapentaénoïque : AGPI n-3) et DHA (acide docosahexaénoïque : AGPI n-3).

Il faut arriver à 400 g par semaine, soit trois portions de 135 g environ.

Il est préférable de privilégier les petits poissons, les gros étant souvent pollués au mercure ou à la dioxine.

Les produits Bleu-Blanc-Cœur (BBC) ou filière lin tradition

Il est conseillé de favoriser la consommation des produits (œufs, viandes, jambons, fromages…) de la filière BBC pour la richesse de ces aliments en acides gras de la famille des n-3 (suite à l'enrichissement de la nourriture des animaux avec du lin, plante riche en AGPI n-3).

Les produits laitiers

Leur consommation doit être limitée à deux portions quotidiennes et 10 à 15 g de beurre de baratte cru.

Le fromage (40 g trois fois par semaine) ou les produits à base de lait fermenté sont à privilégier.

Le lait de brebis est moins allergène que le lait de vache ou de chèvre.

Il faut se méfier des produits laitiers à 0 % qui limitent les apports en vitamines A, D, E, K (vitamines liposolubles).

Ne pas oublier que les matières grasses laitières sont la principale source d'acide myristique (AGS). Dans le beurre et les fromages, il représente 10 à 12 % des acides gras totaux. Son apport de sécurité est d'environ 3 à 4 g par jour. La myristoylation des protéines est nécessaire pour que celles-ci puissent remplir certaines de leurs fonctions (rôles fonctionnels des protéines). L'acide myristique ne présente pas d'effet athérogène (facteur de risque impliqué dans la physiopathologie des maladies cardio-vasculaires) si l'apport ne dépasse pas 4 % de l'apport énergétique total.

Globalement, les apports lipidiques doivent être de l'ordre de 1,3 g par kilo et par jour pour les sportifs (si les apports de sécurité en glucides sont assurés, ce qui sera développé plus loin) et de 1,1 g par kilo et par jour pour les sédentaires.

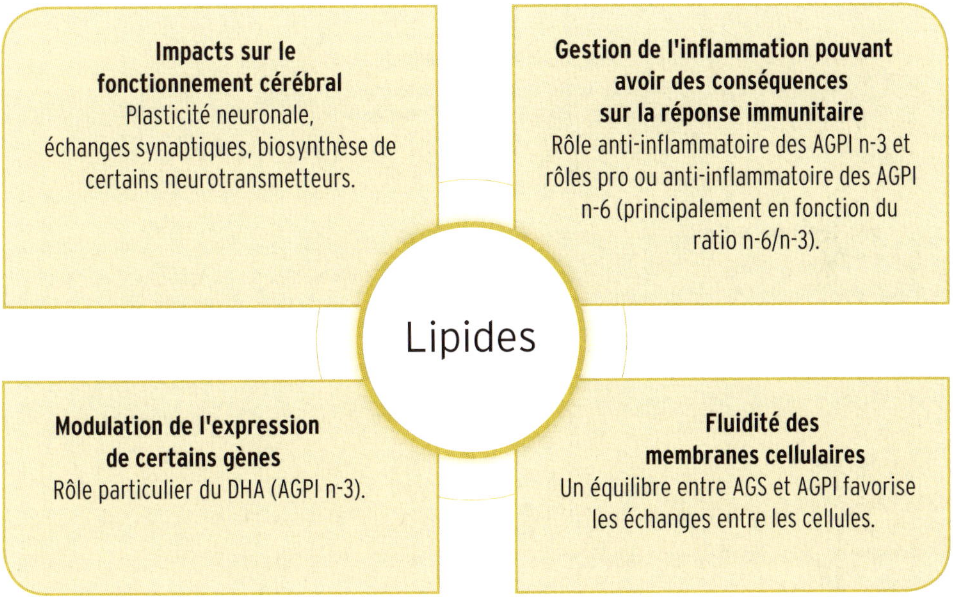

Figure 8 – Rôles fonctionnels des lipides : exemples.

L'équilibre des protéines

Les protéines, assemblage d'acides aminés, sont des éléments essentiels de notre organisme (renouvellement des protéines constitutives de nos tissus et de nos organes, rôle de transporteurs et de récepteurs indispensables au bon fonctionnement de l'organisme, enzymes responsables de la plupart des synthèses et dégradations...).

Elles doivent représenter 14 à 18 % des apports énergétiques journaliers.

Une augmentation de l'activité physique peut entraîner un détournement de l'utilisation des acides aminés à des fins énergétiques. Il faut donc adapter ces apports à son niveau d'activité de façon à ne pas compromettre les rôles fonctionnels des acides aminés et des protéines (voir figure 9, Rôles fonctionnels des protéines).

Certains acides aminés sont dits essentiels (le tryptophane, la lysine, la méthionine, la phénylalanine, la thréonine, la valine, la leucine et l'isoleucine), c'est-à-dire que l'on ne les synthétise pas, ils sont apportés uniquement par l'alimentation. Il faut donc veiller à la qualité de ces apports protéiques.

Une bonne répartition entre protéines animales (deux tiers) et protéines végétales (un tiers) est nécessaire.

Pour arriver à cet équilibre, il faut augmenter la part des légumineuses (lentilles, pois chiches, fèves, haricots secs) et des céréales complètes dans son alimentation. Par exemple, le riz est pauvre en lysine et riche en méthionine et inversement pour les lentilles. Il est donc intéressant de les associer pour optimiser les apports en acides aminés.

Concernant les protéines d'origine animale (qui présentent un bon équilibre en acides aminés essentiels ainsi qu'un bon équilibre entre les composés azotés), il est conseillé de limiter la consommation de viande rouge à deux portions par semaine et de privilégier la viande blanche.

Ne pas oublier de consommer des œufs, la composition de l'ovalbumine (protéine) étant très intéressante.

Il est conseillé de manger deux portions de protéines animales (viande, œufs, poisson) par jour.

Les protéines de soja sont aussi source d'un apport équilibré en acide aminés.

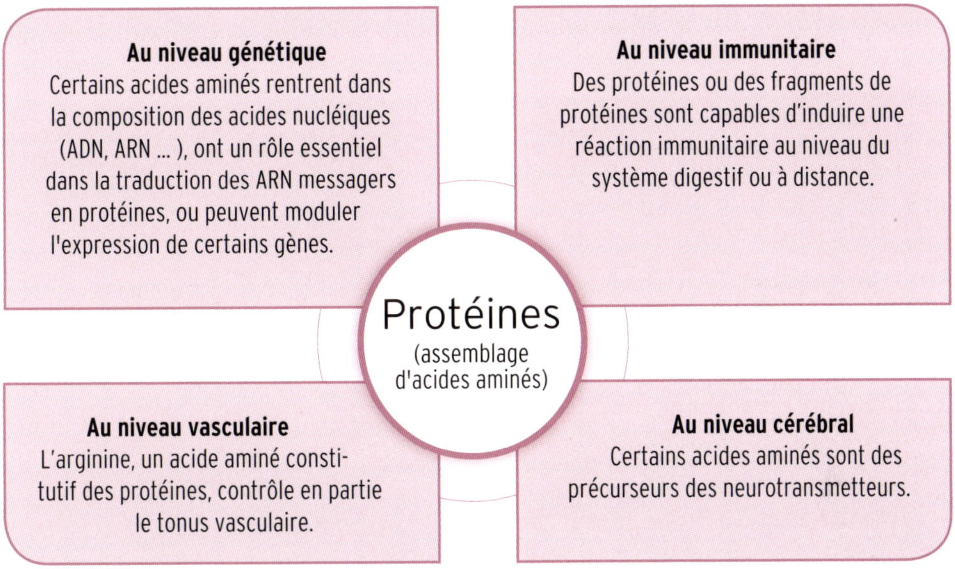

Figure 9 – Rôles fonctionnels des protéines : exemples.

Les glucides

Dans le cadre d'une alimentation de type crétoise, les glucides proviennent essentiellement des céréales et des fruits et légumes.

L'apport dû aux produits laitiers et aux pâtisseries et viennoiseries doit rester très limité.

Les apports en glucides ne servent pas uniquement à restaurer les réserves en glycogène, leur rôle fonctionnel est très important (voir figure 10, Rôles fonctionnels des glucides).

De plus, un déficit d'apport en glucides peut entraîner une mobilisation plus importante des lipides et des protéines à des fins énergétiques et, par conséquent, impacter leurs rôles fonctionnels respectifs.

Des apports minimaux en glucides sont donc recommandés. Les apports de sécurité sont de 5 à 6 g par kilo et par jour pour une femme et de 6 g par kilo et par jour pour un homme.

Pour les athlètes pratiquant un sport d'endurance, les apports optimaux se situent autour de 7 à 10 g par kilo et par jour et peuvent atteindre 12 g par kilo et par jour en altitude.

Ces apports sont à augmenter (au bon moment) en cas d'activité physique et sportive (ce qui sera développé plus tard). Les boissons énergétiques (spécialement formulées pour le sport, à ne pas confondre avec les boissons énergisantes) constituent une source intéressante de glucides en cours d'activité.

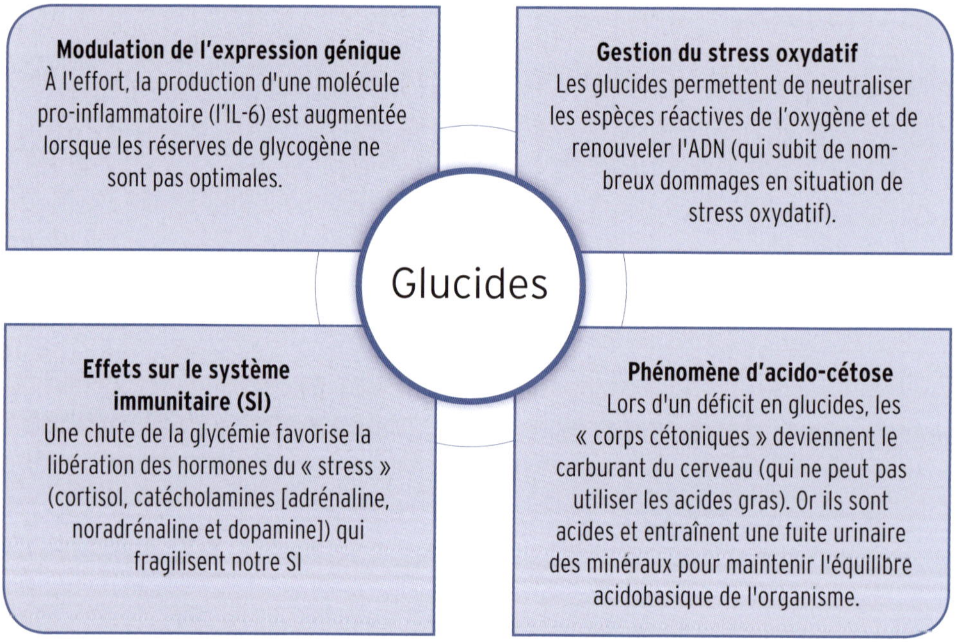

Figure 10 – Rôles fonctionnels des glucides : exemples.

Ce qu'il faut retenir

Les macronutriments (lipides, protéines, glucides) jouent des rôles fonctionnels indispensables au bon fonctionnement de l'organisme. On peut hiérarchiser les priorités concernant les apports en macronutriments de la façon suivante :

1. Apporter suffisamment de glucides pour satisfaire nos besoins énergétiques de façon à éviter le détournement des lipides et des protéines à des fins énergétiques, et un petit surplus pour assurer leurs rôles fonctionnels.
2. Manger gras (les lipides contribuent au métabolisme énergétique) et surtout « mieux gras » en améliorant les apports en AGPI (principalement de la famille des n-3) et en AGS de qualité pour les rôles fonctionnels.
3. Si les recommandations 1 et 2 sont appliquées, le rôle énergétique des protéines sera anecdotique et un apport correct en acides aminés essentiels permettra d'assurer les rôles fonctionnels des protéines.

La densité nutritionnelle des aliments

Ce n'est pas tant les calories contenues dans un aliment qui doivent retenir notre attention, mais plutôt les constituants de cet aliment ayant un rôle fonctionnel.

Ce sont donc les vitamines, les minéraux et les oligoéléments, les antioxydants, les polyphénols et bien d'autres molécules encore qui feront que tel ou tel aliment aura sa place dans notre ration. Ces éléments jouent un rôle clef dans de nombreux processus physiologiques : la contraction musculaire, le fonctionnement du système nerveux, la croissance et la cicatrisation des tissus, l'équilibre ionique de l'organisme, les réactions enzymatiques, l'immunité, les protections des cellules contre le stress oxydant et contre certains mécanismes induisant des processus néoplasiques (prolifération anormale des cellules).

Il faut donc bannir les calories « vides » de l'alimentation. En pratique, il s'agit de remplacer les produits raffinés par des produits complets et les produits issus de transformation industrielle par des produits frais. Il faut atteindre quatre portions de produits céréaliers par jour et limiter les pâtisseries et les viennoiseries.

Il est important d'être vigilant sur la qualité des produits complets car les substances phytosanitaires (pesticides, par exemple) se concentrent dans l'enveloppe des céréales.

Les fruits et légumes

La règle d'or est : PAS UN JOUR SANS FRUIT !

Il faut arriver à manger 5 à 6 portions de fruits et légumes par jour, crus ou cuits et de saison.

Les fruits et légumes sont des sources considérables de vitamines, de minéraux, d'antioxydants et de polyphénols. Ils ont un rôle fonctionnel très important.

Le Programme national nutrition santé (PNNS) recommande de consommer 400 g de végétaux par jour. Cette recommandation passe à 600 g par jour dans le cadre de la prévention des cancers et à 800 g par jour pour un apport optimal en fibres prébiotiques.

Si les fruits et légumes consommés ne sont pas issus de l'agriculture biologique, il faut absolument les laver, les éplucher et de préférence les cuire à la vapeur pour éliminer engrais, pesticides et herbicides.

Le sodium (Na) et le potassium (K)

Il faut limiter sa consommation de sodium de façon à ne pas dépasser 1,5 g par jour de Na, soit moins de 3,8 g par jour de chlorure de sodium (NaCl).

C'est surtout le rapport Na/K qu'il est intéressant de diminuer. Le sodium étant largement présent dans notre alimentation, il faut veiller à augmenter sa consommation de potassium.

Une façon d'avoir des apports en potassium suffisants est de consommer beaucoup de légumes frais, de la levure sèche, des fruits secs et légumes secs.

Lorsqu'un aliment de notre assiette contient beaucoup de sodium, il faut l'associer à une source de potassium : par exemple, un morceau de chèvre sec avec une salade et des figues sèches.

De plus, la plupart des denrées riches en potassium sont plutôt alcalinisantes, ce qui favorise l'élimination de toxines formées à l'effort.

Les boissons

Chaque jour, l'organisme doit recevoir 2 à 2,5 litres d'eau. La moitié étant apportée par l'alimentation, il est conseillé de boire 1 à 1,5 litre d'eau par jour, si possible peu minéralisée.

L'activité physique et sportive ainsi que les conditions atmosphériques modifient bien sûr ces valeurs.

Pour les boissons alcoolisées, le vin rouge étant riche en polyphénols (resvératrol), il apporte certains effets protecteurs. La consommation ne doit pourtant pas excéder un verre de vin rouge au repas pour les femmes et deux pour les hommes. La dose quotidienne d'alcool ne dépassera pas 20 g par jour.

Concernant les boissons sucrées et gazeuses, elles ne présentent aucun intérêt dans le cadre d'une alimentation santé.

En plus du respect de ces différents points, il est important de bien lire les étiquettes des produits (attention aux additifs alimentaires, aux sucres et à l'aspartame, au sel, aux OGM…) et d'être vigilant quant aux modes de cuisson (perte de vitamines, de minéraux et d'oligoéléments) et à la formation des produits de Maillard (brunissement des protéines en présence de sucres à haute température), responsables du phénomène de glycation impliqué dans le développement de nombreuses pathologies (diabète, artériosclérose, insuffisance rénale, cataracte…).

Ce qu'il faut retenir

Les fruits et les légumes frais ou secs, ainsi que les produits non raffinés présentent une densité en micronutriments (vitamines, minéraux, oligoéléments…) élevée.

Les micronutriments ont des rôles fonctionnels qui leur sont propres et favorisent aussi le bon déroulement de ceux des macronutriments.

Une alimentation alcalinisante et une bonne hydratation sont aussi des éléments importants de l'alimentation santé.

Nutrition de l'activité physique et sportive (2) (4) (5) (6) (7)

Ces conseils s'appliquent principalement aux sports à dominante aérobie (disciplines d'endurance).

La semaine précédant une compétition

Objectifs : optimiser les réserves de glycogène musculaire et hépatique sans perturber la lipolyse (le muscle utilise comme carburant un mélange de glycogène musculaire, de glucose sanguin et de lipides), sans favoriser la mise en place d'un terrain pro-inflammatoire (par la perturbation du métabolisme des eicosanoïdes (AGPI n-3) et en évitant les troubles digestifs (liés à la fermentation du surplus de glucides ingérés).

Ces conseils (tableau 8) sont tout à fait applicables à la semaine précèdant un stage en altitude, le but étant d'arriver reposé physiquement (et si possible mentalement aussi) et dans un état nutritionnel permettant à l'organisme de s'adapter aux contraintes de l'altitude dans un premier temps, puis aux exigences de l'entraînement en hypoxie par la suite.

JOURS AVANT L'OBJECTIF	ENTRAÎNEMENT	NUTRITION
J - 8 à J - 5	Habituel	• Diminuer d'un tiers les apports en produits céréaliers (les éliminer du repas du midi ou du soir). • Continuer les boissons énergétiques et les apports glucidiques à l'effort pour ne pas perturber les adaptations à l'exercice. • En récupération, privilégier les fruits et les fruits secs.

JOURS AVANT L'OBJECTIF	ENTRAÎNEMENT	NUTRITION
J - 5	Séance de type VMA (vitesse maximale aérobie) Type : 15 s-15 s. Durée maximale : 1 heure (le but étant d'épuiser les réserves de glycogène en limitant les traumatismes et la production d'acide lactique)	• Boisson énergétique pendant la séance. • Dès la fin de la séance, mise en application de la « fenêtre métabolique » : apport de 50 g de glucides par heure, sous la forme de boisson de récupération, de fruits secs (alcalinisation) et de fruits, toutes les 2 heures pendant 8 heures pour optimiser la reconstruction des réserves de glycogène.
J - 4 à J - 2	Pas d'entraînement	• Majoration d'un tiers des apports glucidiques dans le cadre d'une alimentation santé inspirée du régime crétois. • Veiller à avoir une alimentation alcalinisante et limiter l'apport en fibres (confort digestif).
J - 2 à J - 1	Pas ou peu d'entraînement (20 minutes de footing et quelques lignes droites en accélération sous-maximale)	• Avoir une alimentation santé inspirée du régime crétois : privilégier les pommes de terre, les fruits et légumes, les fruits secs (alcalinisation), et éviter les aliments acidifiants (viande rouge, fromage à pâte dure, cola...). • Limiter les fibres. • J - 1 : éviter les aliments que vous avez du mal à digérer. • Les stocks de glycogène sont déjà optimisés, inutile de surcharger le dernier repas en glucides au risque de connaître des problèmes digestifs le lendemain.

Tableau 8 – Conseils nutritionnels pour la semaine précédant une compétition.

Le petit déjeuner d'avant course (ou séance)

Objectifs : respecter le temps nécessaire à la digestion (déjeuner 3 heures avant le départ), éviter l'hypoglycémie réactionnelle pouvant survenir 90 minutes après le petit déjeuner.

Si l'on respecte le délai de 3 heures, on peut maintenir un apport protéique lors de ce petit déjeuner. De plus cet apport limitera les fluctuations de la glycémie et le risque d'hypoglycémie réactionnelle.

Exemple

- Œuf mollet (digestion plus rapide que le jambon)
- Compote
- Müesli bio et yaourt de brebis ou gâteau de semoule au lait de soja et miel
- Il faut éviter l'ingestion de graisses (car elles ralentissent la motricité digestive), de pain complet (trop riche en fibres) et de lait.

La ration d'attente

Ne pas ingérer de fructose. En effet, bien que ne provoquant que de faibles variations de la glycémie, le fructose possède un pouvoir de glycation important (10 fois supérieur au glucose), néfaste pour la santé.

Il est possible de consommer une boisson hypotonique à base de glucides peu insulinosécréteurs (car une élévation de l'insuline peut diminuer la capacité de mobilisation des graisses), diluée de 20 à 40 g par litre en fonction des conditions climatiques, à la fréquence de 100 à 150 ml toutes les 15 minutes à partir de 90 à 120 minutes avant le départ de l'épreuve.

L'hydratation à l'effort

Pourquoi boire ?

- Pour éviter la déshydratation et limiter le risque d'hyperthermie (même si le risque reste réel dans des conditions climatiques défavorables).
- Pour éviter les lithiases rénales et limiter le déséquilibre ionique cellulaire (facteur favorisant les crampes), conséquences de l'acidose qui se manifeste à l'effort.

Quoi boire ?

Il faut emporter une boisson énergétique, de préférence à base de maltodextrine plutôt que de glucose-fructose (sauf pour des efforts très intenses d'une durée supérieure à 3 heures car le mélange glucose-fructose augmente le flux d'absorption intestinale des glucides).

Les boissons isotoniques ou hypotoniques sont celles qui compensent le mieux les pertes hydriques.

Les boissons énergétiques apportent du sodium et des minéraux ; c'est une stratégie efficace pour lutter contre l'hyponatrémie.

Le pH de la boisson doit être supérieur à 5,5 pour préserver la santé dentaire.

La dilution idéale se situe à 40 g de glucides par litre (avec la possibilité de monter jusqu'à 60 g par litre en cas de grand froid induisant une consommation hydrique faible). Ce dosage permet d'éviter le phénomène de fermentation et les troubles gastro-intestinaux.

Il faut toujours garder à l'esprit que l'apport de glucides en cours d'activité contribue au bon fonctionnement du système immunitaire (diminution du risque infectieux), à la gestion du stress oxydatif, à la limitation de l'hyperperméabilité intestinale, au maintien de la synthèse de coenzyme Q10 et à l'épargne des réserves de glycogène (ce qui permet de retarder ou de limiter l'élévation de cytokines pro-inflammatoires).

Quelle quantité boire ?

Il faut faire en sorte de ne pas dépasser 2 % de perte hydrique lors de l'effort. En pratique, on se pèse avant de partir à l'entraînement, on note la quantité de liquide consommée pendant la séance (ainsi que les conditions climatiques et le contenu de la séance) et on se pèse de nouveau au retour. Si on a perdu plus de 2 % de son poids initial, on n'a pas assez bu. Il faut donc ajuster sa consommation, c'est-à-dire boire la perte de poids corporel + 50 % convertie en volume. Par exemple, pour une perte de 2 kg, boire 3 litres, mais surtout pas de manière trop rapide pour ne pas stimuler la diurèse et perdre l'eau ingérée.

En altitude, le phénomène de déshydratation est augmenté (en lien avec les adaptations ventilatoires). Il ne faut donc pas se baser sur les données obtenues en plaine et réaliser de nouvelles évaluations par pesée avant et après l'entraînement tout au long du séjour en altitude.

À quelle fréquence boire ?

Il faut boire 2 ou 3 gorgées toutes les 15 à 20 minutes.

L'alimentation à l'effort

À l'effort, l'organisme peut oxyder 40 g de glucose exogène par heure.

Par exemple, pour une heure d'entraînement en emportant 500 ml de boisson énergétique :

- Votre boisson vous apporte 20 g de glucides.
- Il vous reste à apporter 20 g de glucides sous forme solide, ce qui correspond à 35 g de figues sèches, une barre de pâte d'amandes ou de fruits ou 100 à 150 g de compote selon la marque.

Si vous envisagez des efforts de plus de 6 heures en compétition, il est important de vous habituer à manger du solide à l'entraînement (sur des durées beaucoup plus courtes bien évidemment).

Stratégies à adopter en phase de récupération : une histoire de « fenêtres »

La fenêtre métabolique

La théorie de la fenêtre est un concept qui met en évidence l'existence d'une courte période (maximum 6 à 12 heures après l'effort : la durée dépend du taux de glycogène musculaire en fin d'effort) où l'assimilation des glucides et des protéines au niveau du muscle est optimale. C'est le moment idéal pour restaurer les réserves de glycogène.

Concernant les glucides, c'est la migration transitoire des récepteurs au glucose GLUT4 vers les membranes des fibres musculaires qui explique ce phénomène.

Concernant les protéines, ce sont les réponses hormonales, la production de facteurs de croissance locaux (dans le muscle) et la transduction de contraintes mécaniques appliquées aux membranes des fibres musculaires qui expliquent l'augmentation transitoire des synthèses.

Les apports optimaux sont de 50 g de glucides par heure, toutes les 2 heures, pendant les 8 premières heures après l'effort.

On apporte simultanément 1 g de protéines pour 3 g de glucides ingérés.

Durant cette période, il faut en plus faire attention à la provenance alimentaire des glucides et des protéines. En effet, l'activité physique a tendance à créer une acidose (par formation d'acide lactique et d'ammoniac principalement) au niveau de l'organisme. Or certains aliments ont un potentiel alcalinisant (ce que l'on recherche en période d'entraînement et de compétition) et d'autres un potentiel acidifiant.

Il s'agit de l'indice PRAL (*Potentiol Renal Acid Loding*) des aliments ; c'est la charge acide potentielle pour 100 g d'un aliment :

- PRAL supérieur à 0 : aliment à potentiel acidifiant.
- PRAL inférieur à 0 : aliment à potentiel alcalinisant.

ALIMENTS	PRAL (mEq acide/100 g)
Fruits secs / boisson de récupération	- 20 / - 18
Fruits et jus de fruits	- 3,1
Légumes	- 2,8
Matières grasses et huiles	0
Lait	0,7
Yaourt	1,5
Produits céréaliers	3,5 à 7
Poissons	7,9
Viandes	9,5
Parmesan	34

Tableau 9 – Indice PRAL de certains aliments.

L'« *open window phenomenon* » ou « phénomène de la fenêtre ouverte »

Dans les 4 à 8 heures faisant suite à un effort intense, il existe une baisse des défenses immunitaires.

Or l'immunité dépend beaucoup des apports en glucose et en certains acides aminés (en particulier la glutamine). D'où l'intérêt de réaliser ces apports le plus tôt possible, de préférence sous forme de boisson contenant des peptides (plus efficace que celles contenant des acides aminés isolés), car les aliments liquides sont mieux tolérés au début de cette phase. Ensuite, privilégier les protéines totales (celles que l'on trouve dans les aliments) en variant les sources pour optimiser les apports en acides aminés.

Cet apport (glucides + peptides) permet aussi un retour plus rapide à la normale du cortisol, ce qui place l'organisme dans un contexte anabolique nécessaire à la reconstruction.

À noter que lors des premiers repas de récupération, les aliments peuvent être salés (restauration du volume plasmatique et de l'hydratation intracellulaire) et saupoudrés de germe de blé (vitamines B_1 et B_6).

En pratique

Les 2 premières heures :

- Boire une boisson de récupération et de l'eau gazeuse sodique.
- Manger des fruits secs.
- Dès la 3e heure :
- Crudités (huile de colza, germe de blé, noix, raisins secs).
- Pommes de terre (caractère alcalinisant).
- Omelette aux champignons (apport de spermine et spermidine pour la cicatrisation de l'intestin).
- Yaourt et compote.

Au coucher :

- Possibilité de reprendre un peu de boisson de récupération.
- Consommer des acides gras polyinsaturés (AGPI) à longue chaîne n-3 : poissons gras.
- Glucides lents.

Le lendemain :

- Protéines et aliments à PRAL négatif (fruits et fruits secs) au petit déjeuner.
- Consommer des noix, noisettes, amandes (magnésium, AGPI) et de l'avocat (rôle intéressant pour l'immunité).
- Manger de la viande associée à des légumes et des pommes de terre pour tamponner l'acidité.
- S'il s'agit d'une compétition éprouvante ou de longue distance avec une fatigue qui perdure, reprendre un stick de boisson de récupération.

Toutes ces démarches doivent être testées avant une compétition sachant qu'à l'entraînement, il est difficile de se préparer à gérer le stress d'un tel événement et son impact sur la digestion et la glycémie.

C'est un long apprentissage, qui demande d'être à l'écoute des signaux que l'organisme envoie et de bien se connaître.

Ces conseils de gestion de la phase de récupération peuvent être appliqués quotidiennement dans le cadre d'un stage en hypoxie.

Ce qu'il faut retenir

Tout est une question de « fenêtres ».

- La « fenêtre » de l'entraînement : c'est le moment des apports en glucides (par les boissons énergétiques et sous forme solide pour les efforts de longue durée).
- La « fenêtre métabolique » : dès la fin de l'effort, sur une période de 6 à 12 heures, c'est le moment d'apporter des glucides et des protéines à l'organisme pour favoriser la récupération.
- Le phénomène de la « fenêtre ouverte », véritable période de fragilité immunitaire : dans les 4 à 8 heures après l'effort, les glucides et les protéines apportés auront un rôle fonctionnel majeur à jouer (veiller à la quantité et à la qualité des apports).

Ajustements nutritionnels en situation d'hypoxie (2) (4) (7) (8) (9) (10)

La gestion du stress oxydatif

Lors des stages d'entraînement en altitude, quel que soit le protocole utilisé (LHTH, LHTL, IHT), le stress oxydatif est augmenté. De plus, des études récentes ont montré que cette augmentation du stress oxydatif est plus importante en altitude simulée (chambre hypoxique) qu'en altitude réelle.

Qu'est-ce que le stress oxydatif ?

À l'état stable, une molécule est composée d'un noyau qui contient des protons (charge +) et des électrons (charge –) gravitant autour du noyau, toujours appariés en doublets sur la couche externe.

Une molécule devient instable lorsque l'un des électrons de la couche externe devient célibataire. On dit alors que la molécule est oxydée, elle est très réactive et va chercher à retrouver sa stabilité en appariant son électron célibataire avec un électron d'une autre structure. Cette structure devient à son tour oxydée. Ce phénomène d'oxydation peut toucher diverses structures (protéines, lipides, ADN), conduisant au développement de nombreuses pathologies (voir figure 11, Le stress oxydant).

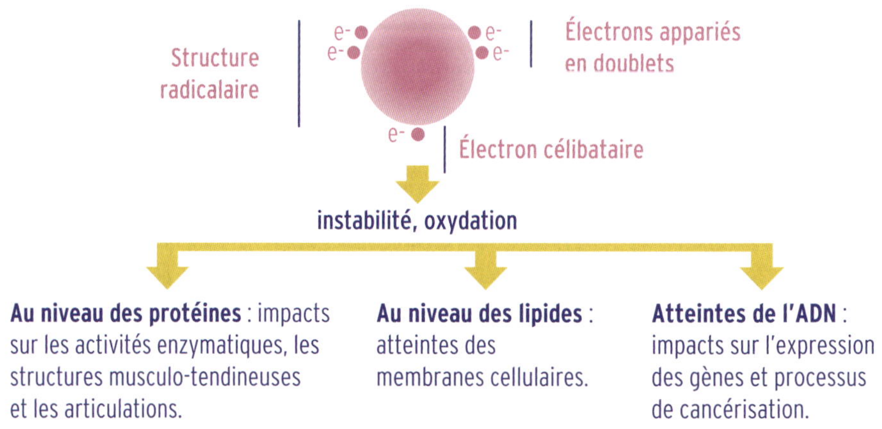

Figure 11 – Le stress oxydant : principe et conséquences.

Cette chaîne de réactions d'oxydation, appelée cascade radicalaire, peut être interrompue par nos défenses antioxydantes. Ces défenses agissent à différents niveaux (voir figure 12, Les différents niveaux de défense antiradicalaire).

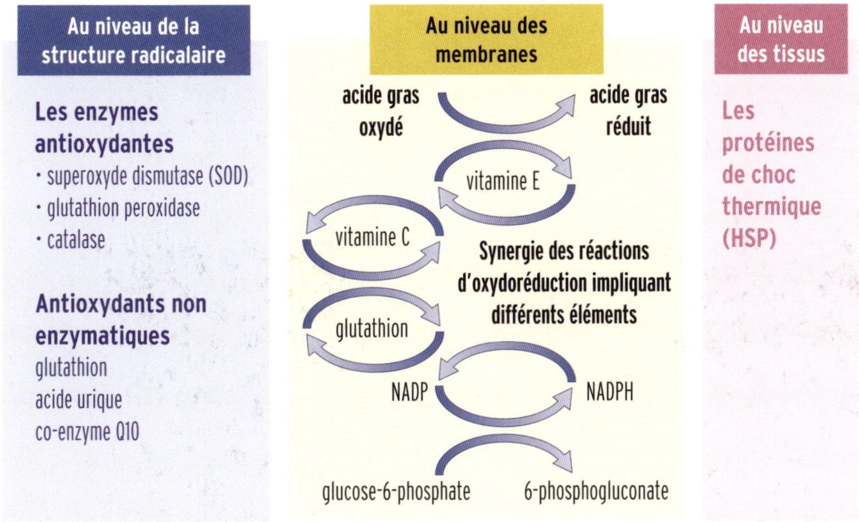

Figure 12 – Les différents niveaux de défense antiradicalaire : exemples.

On parle donc de stress oxydatif lorsque l'agression par des structures radicalaires dépasse les capacités antioxydantes de l'organisme.

Quelles sont les sources de stress oxydatif ?

Les sources des formes réactives de l'oxygène (FRO), principale structure radicalaire (avec les formes radicalaires nitritées) impliquée dans le processus de stress oxydatif, sont multiples.

La consommation d'oxygène participe au stress oxydant puisque 2 à 5 % de ce gaz ne sont pas utilisés au niveau de la mitochondrie pour produire de l'énergie mais se trouvent à l'origine de réactions radicalaires génératrices de FRO.

Une activité physique entraînant une augmentation de la consommation d'oxygène est donc génératrice d'une augmentation du stress oxydatif (qui sera d'autant plus importante que la VO_2max de l'athlète sera élevée). Mais, en parallèle, l'entraînement augmente l'état des défenses antioxydantes.

De façon surprenante, l'hypoxie, malgré la réduction du flux d'oxygène, est génératrice de FRO. Les mécanismes en jeu ne sont pas encore totalement décryptés, mais quelques hypothèses sont avancées (perturbation des réactions d'oxydoréduction au niveau de la mitochondrie, augmentation de la production de catécholamines ou encore activation de la voie de la xanthine oxydase).

Il existe de nombreuses autres sources de stress oxydatif : un état de stress mal géré, l'inflammation aiguë ou de bas grade (d'origine traumatique, par déficit d'apport en glucides, en situation de syndrome métabolique, générée par l'activité physique), les problèmes immunitaires, la détoxification hépatique, les phénomènes d'ischémie-reperfusion au niveau de différents organes (cœur, foie, intestin...), le contexte socioprofessionnel et familial, l'hygiène de vie (consommation de tabac, alcool, médicaments...) et les facteurs environnementaux (altitude, chaleur, rayonnement UV...).

Que faire contre le stress oxydatif ?

Tout d'abord, il faut savoir que notre organisme est capable de faire face à une augmentation du stress oxydatif en développant ses capacités antioxydantes, pour peu qu'il soit en mesure de le faire. *A minima*, il ne faut donc pas arriver fatigué (physiquement et mentalement), malade ou blessé à un stage en altitude.

Bien que difficiles à interpréter, les études de supplémentation en antioxydants dans le cadre d'un entraînement en hypoxie (statut initial en antioxydants des sujets non mesuré, variabilité des doses et des antioxydants administrés, choix des marqueurs d'évaluation du stress oxydatif non standardisé) n'ont pas montré de diminution significative des marqueurs du stress oxydatif. De plus, les FRO sont nécessaires à la mise en place des adaptations biologiques survenant lors de la phase d'acclimatation à l'hypoxie.

La seule complémentation en antioxydants qui peut être envisagée doit se faire en amont du stage et être basée sur des données de biologie (dosages sanguins). L'adoption d'une alimentation santé inspirée du régime crétois peut contribuer à réduire le risque de carences, mais dans tous les cas, seule la biologie pourra donner une idée précise du niveau d'oxydation de chacun (dérivés oxydés de lipides

[MDA[9], TBARS[10]], anticorps anti-LDL oxydés, marqueur nous renseignant sur le caractère chronique du stress oxydatif subit et sur le risque cardio-vasculaire de l'athlète), de son statut en antioxydants (SOD, GPX, coenzyme Q10, glutathion réduit et oxydé, par exemple) et en cofacteurs enzymatiques (manganèse, zinc, sélénium, cuivre…). Ces données de biologie ne permettent pas de prédire l'adaptation des défenses antioxydantes en réponse à l'hypoxie, mais en cas de déficit elles peuvent amener à remettre en cause un séjour en altitude.

Une supplémentation à l'aveugle, en plus d'être inefficace, peut être délétère. Nos défenses antioxydantes font intervenir différents éléments selon une synergie et un équilibre bien précis (voir figure 12, Les différents niveaux de défense antiradicalaire). Un élément apporté en excès peut devenir pro-oxydant et compromettre cet équilibre.

Un autre élément facile à mettre en œuvre et sans effets secondaires nocifs permet de limiter le stress oxydatif induit par l'activité. Il s'agit de l'apport de glucides en cours d'activité via les boissons énergétiques. En effet, le glucose-6-phosphate, impliqué dans les défenses antiradicalaires (voir figure 12, Les différents niveaux de défense antiradicalaire) provient du glucose.

L'intensité de l'exercice et la durée du stage en altitude sont des éléments qui influent aussi sur le stress oxydatif. La diminution de l'intensité des séances et de la durée du séjour en altitude entraîne une réduction du stress oxydant induit par l'hypoxie et améliore les défenses antioxydantes.

Quelques autres éléments à prendre en compte

Le fer

Une des adaptations physiologiques attendues lors d'un stage en altitude est l'augmentation de la masse en globules rouges et en hémoglobine suite à une augmentation de la production d'érythropoïétine (EPO) endogène. Une augmentation de la myoglobine, équivalent de l'hémoglobine au niveau musculaire, est aussi observée. L'hémoglobine est le principal constituant des globules rouges. Une

9 MDA : 4-hydroxy-2-nonénal-malondialdéhyde.

10 TBARS : substances réactives à l'acide thiobarbiturique.

molécule d'hémoglobine est composée de quatre groupements hèmes (contre un seul pour la myoglobine) contenant chacun un atome de fer capable de s'associer à l'oxygène, ce qui lui permet de transporter l'oxygène vers les tissus.

Si un athlète veut bénéficier de cette optimisation de l'oxygénation des tissus, il faut que son statut en fer soit correct. Un bilan biologique s'impose un mois avant le stage et, en fonction des résultats, une complémentation pourra être mise en place.

Au niveau alimentaire, le fer non héminique, c'est-à-dire non lié à l'hème (céréales, légumes secs, fruits, légumes, produits laitiers…) présente une absorption variable (coefficient d'absorption inférieur à 6 % en moyenne). Son absorption est augmentée si le repas est riche en vitamine C et elle est diminuée si le repas est riche en tannins (thé, cacao…), en phytates (céréales complètes, légumineuses, oléagineux…) ou en polyphénols (fruits, thé, café, épices, cacao…). L'absorption du fer héminique (viandes, poisson) est correcte (coefficient d'absorption de l'ordre de 20 %).

L'inflammation est aussi un élément qui peut inhiber le processus de fabrication des globules rouges (érythropoïèse). Une alimentation santé inspirée du régime crétois, riche en micronutriments, en acides gras polyinsaturés, en végétaux et en épices (curcuma, poivre) prévient la survenue d'états inflammatoires de bas grade.

À l'exercice, l'augmentation du débit sanguin exerce une pression mécanique sur les globules rouges (surtout lors du passage dans les petits vaisseaux dont le diamètre peut être inférieur à celui des globules rouges) conduisant à la destruction (hémolyse) des plus anciens et à une déplétion des réserves en fer. En situation d'hypoxie, les contraintes mécaniques sont augmentées, ce qui conduit à une augmentation de l'hémolyse. Ce sont les lipides qui sont responsables de la fluidité de la membrane des cellules. Un apport en lipides de qualité (AGPI) permet d'optimiser la déformabilité des cellules et donc potentiellement de réduire ce phénomène d'hémolyse.

Chez les athlètes présentant des déficits chroniques en fer (et particulièrement ceux qui ne sont pas corrigés par la complémentation), le dosage sanguin de l'hepcidine peut être intéressant. L'hepcidine est une hormone dont la production en excès peut être responsable d'une carence en fer, provoquer une baisse de la disponibilité en O_2 dans les cellules et induire une surconsommation de glucides à l'effort. Dans ce cas de figure, l'entraînement en hypoxie est évidement à proscrire.

Les acides aminés

Deux situations peuvent conduire à un déséquilibre entre les apports et les besoins de l'organisme : un déficit d'apport protéique ou un apport énergétique insuffisant.

En effet, lorsque les réserves en glycogène ne sont pas optimales et que les apports en glucides sont insuffisants en cours d'activité et après l'effort (voir Nutrition de l'activité physique et sportive), des acides aminés peuvent être utilisés à des fins énergétiques compromettant ainsi le renouvellement des protéines structurales (muscles, tendons...) et les rôles biochimiques (enzymes, récepteurs...) et fonctionnels des protéines au sein de l'organisme (voir figure 9, Rôles fonctionnels des protéines). Quatre acides aminés essentiels sont particulièrement concernés par ce phénomène : l'isoleucine [11,12], la leucine [11,12], la valine [11,12] et la méthionine [12].

Un déficit d'apport en acides aminés peut aussi avoir des conséquences sur les processus de réparation de l'ADN suite aux dommages subies par le stress oxydatif. L'arginine [13] et la glutamine [13] sont des éléments précurseurs de l'ADN.

La glutamine joue aussi un rôle clef dans la physiopathologie intestinale et dans le fonctionnement du système immunitaire. À l'effort, l'intestin subit un phénomène d'ischémie (diminution de l'afflux sanguin au niveau de l'intestin d'un facteur 7 au profit d'une augmentation au niveau musculaire d'un facteur 20 environ), suivi d'une reperfusion (retour d'un afflux sanguin normal) à l'arrêt de l'activité. Ce phénomène d'ischémie-reperfusion est générateur d'un stress oxydatif local provoquant des lésions au niveau de la muqueuse intestinale. Bien que peu documenté, il est fort probable que ce phénomène soit amplifié lors de la phase d'acclimatation en situation d'hypoxie et induise un besoin accru de glutamine pour la cicatrisation de la muqueuse intestinale. L'association activité physique et conditions climatiques extrêmes risque aussi d'augmenter les besoins du système immunitaire en glutamine.

Un dernier exemple concerne les acides aminés précurseurs des neurotransmetteurs, molécules clefs du fonctionnement cérébral. La tyrosine [13] est un précurseur

11 Acides aminés ramifiés : ils sont responsables de l'augmentation du flux de synthèse protéique au niveau musculaire et participent donc à la récupération musculaire.

12 Acides aminés essentiels : ne sont pas synthétisés par l'organisme et doivent être apportés par l'alimentation.

13 Acides aminés semi-essentiels : souvent les capacités de synthèse de l'organisme ne permettent pas de faire face aux besoins.

de la dopamine, un neurotransmetteur principalement responsable du dynamisme matinal et de la motivation.

Le tryptophane[12] est un précurseur de la sérotonine et de la mélatonine, deux neuromédiateurs impliqués entre autres dans la qualité du sommeil et les troubles de l'humeur. Une carence en tryptophane peut être responsable d'une fatigue psychique et d'une dépendance à l'activité physique, deux phénomènes relativement répandus dans le milieu sportif. L'altitude affecte la qualité du sommeil et peut induire une augmentation de la fatigue physique et psychique. De plus, les contraintes liées aux conditions climatiques, au confort précaire des hébergements (camp de base, espace restreint des chambres hypoxiques…) et aux déplacements fastidieux (dans le cas de stage en altitude réelle) nécessitent d'avoir une motivation à toutes épreuves.

Toutes les catégories d'acides aminés sont donc nécessaires au bon déroulement d'un stage en altitude.

Trop souvent, les recommandations se focalisent sur les apports en acides aminés ramifiés (leucine, isoleucine et valine). Certes, ils participent au fonctionnement musculaire, ils sont utilisés par le muscle pour fabriquer la glutamine et ils régulent l'entrée de la tyrosine et du tryptophane au niveau cérébral, mais si les apports en glucides sont suffisants en cours d'activité et lors de la phase de récupération, la dégradation des acides aminés à des fins énergétiques sera moindre et ces derniers pourront assurer leurs autres fonctions.

À l'effort et en altitude, il est intéressant d'avoir des apports protéiques quotidiens optimaux et d'utiliser des boissons de récupération contenant de la glutamine. De façon à pouvoir augmenter ces apports protéiques quotidiens, il ne faudra pas négliger ceux du petit déjeuner.

Ce qu'il faut retenir

L'exercice en altitude génère une augmentation du stress oxydatif à laquelle l'organisme doit être capable de faire face en accroissant ses capacités de défenses antioxydantes.

La supplémentation à l'aveugle en antioxydants est une démarche à risque. Mieux vaut apporter à l'organisme, via l'alimentation et au bon moment, l'ensemble des éléments (glucides, micronutriments, protéines, lipides) lui permettant de mettre en place les adaptations attendues en réponse à l'entraînement en hypoxie.

En cas de déficit mis en évidence par la biologie, une complémentation peut être mise en place sous contrôle médical.

Si les adaptations attendues ne sont pas au rendez-vous, c'est peut-être la stratégie d'entraînement qui devra être revue (intensité des exercices, durée d'exposition à l'hypoxie…).

Le regard de l'expert

Pr Xavier BIGARD

- *Médecin, professeur agrégé du Val de Grâce*
- *Conseiller scientifique à l'Agence française de lutte contre le dopage (AFLD)*
- *Chercheur en nutrition à l'INSEP*
- *Président de la Société française de médecine du sport*

En altitude, quelles sont les particularités qui doivent être prises en compte pour adapter les apports nutritionnels des personnes exposées à l'hypoxie ?

Tout d'abord, en conditions extrêmes, avant de formuler des recommandations, il faut prendre en compte deux facteurs :

- L'intensité de la contrainte (c'est-à-dire le niveau d'altitude).
- La durée d'exposition.

Pour les personnes effectuant une journée de randonnée en altitude, il suffit d'avoir des apports énergétiques suffisants et de bien s'hydrater. Il en va de même pour un gardien de refuge de haute altitude qui n'a pas d'activité sportive particulière.

Par contre, dans le cadre d'une expédition himalayenne (altitude élevée, exposition continue et prolongée, niveau d'activité physique considérable), de nombreux mécanismes de régulation sont affectés (métabolisme musculaire, métabolisme protéique, comportement alimentaire...), ce qui nous amène à avoir une approche plus moléculaire de la nutrition.

Concernant les expositions intermittentes à l'hypoxie, les enjeux sont probablement différents, mais à ce jour peu de données sont disponibles sur les adaptations métaboliques induites par ce type d'exposition.

Vous êtes un spécialiste de la physiologie musculaire. Pouvez-vous nous expliquer les effets de l'altitude sur le métabolisme musculaire et les adaptations nutritionnelles à mettre en place ?

Une exposition continue à l'altitude entraîne une perte de masse musculaire. Cet effet est dépendant de l'altitude : plus l'altitude augmente, plus la fonte musculaire sera importante. C'est la conséquence du cumul d'un ensemble de facteurs. Tout d'abord, au niveau moléculaire, on assiste à une réduction du flux de synthèse protéique et à une augmentation de la protéolyse (dégradation des protéines) sous l'effet du stress hypoxique [14]. À ceci s'ajoute l'effet anorexigène de l'altitude, un déficit de récupération et une activité musculaire intense. Dans une telle situation, il est nécessaire de manger des aliments agréables à consommer pour lutter contre l'anorexie liée à l'altitude et d'optimiser qualitativement et quantitativement ses apports en protéines. L'un des enjeux est d'assurer un apport suffisant en acides aminés essentiels (plus abondants dans les protéines d'origine animale), en associant céréales et légumes secs ou céréales et laitages, ou en consommant des protéines de soja, par exemple.

L'autre enjeu concerne la chronologie des apports. Il existe des protéines dites rapides (très digestibles, d'absorption rapide : en 1 h 30 environ) et d'autres dites lentes (absorption en 3 à 5 heures). Ces propriétés sont liées à la structure tridimensionnelle des protéines. Au début de la phase de récupération, il est donc intéressant d'utiliser des protéines rapides (protéines de lactosérum, par exemple), puis par la suite des protéines lentes (caséine, par exemple).

Dans le sport en général, et plus particulièrement dans le cadre de l'entraînement en hypoxie, on avance souvent l'intérêt d'une éventuelle supplémentation en antioxydants sans pour autant avoir beaucoup d'études démontrant l'efficacité d'une telle mesure. Quel est votre avis sur le sujet ?

L'augmentation de la production de formes réactives de l'oxygène (FRO) et l'augmentation des capacités antioxydantes font partie des réponses adaptatives à l'entraînement en hypoxie.

L'état d'équilibre entre agressions (FRO) et défenses est difficile à évaluer. Les taux circulants des différents éléments participant aux mécanismes de défenses antioxydantes ne sont pas forcément le reflet de ce qui se passe au niveau cellulaire et il est impossible, en routine, d'évaluer les mécanismes de régulation génique mis en jeu. Dans ces conditions, il faut privilégier la réponse naturelle à cette situation de stress oxydatif et la supplémentation en antioxydants est un

14 T. Chaillou *et al.*, « *Hypoxia transiently affects skeletal muscle hypertrophy in a functional overload model* », *American Journal of Physiology, Regulatory, integrative and comparative Physiology*, 2012.

faux problème. Mieux vaut optimiser les apports en macro et micronutriments par l'alimentation, veiller à avoir une bonne hydratation et surtout ne pas oublier les apports en glucides en cours d'activité (poudre énergétique diluée de façon à apporter 40 g de glucides par heure environ).

Dans le cadre d'une exposition intermittente à l'hypoxie, le stress oxydatif est majoré et pourrait poser problème sur le métabolisme protéique et avoir des conséquences sur la masse musculaire. Il faut être vigilant en cas de répétition de ce type d'exposition.

Au cours de ce chapitre consacré à la nutrition, plusieurs thématiques ont été développées : l'équilibre précaire entre rôle fonctionnel et rôle énergétique des macronutriments (glucides, lipides, protéines), le rôle fonctionnel des micronutriments (fer, zinc, sélénium, cuivre, manganèse…) et le cas polémique des antioxydants. Selon vous, y a-t-il un autre élément qui mériterait une attention particulière ?

Je pense à la vitamine D. Hormis son rôle sur le métabolisme du calcium et la densité minérale osseuse et ses effets au niveau cardio-vasculaire, elle est aussi associée aux performances musculaires pour des raisons encore mystérieuses. Concernant la potentielle implication de la vitamine D dans la lutte contre l'atrophie musculaire observée en conditions hypoxiques, la question reste en suspens. Mais le fait que le métabolisme rénal de cette vitamine dépende de l'oxygène et qu'une exposition prolongée à l'altitude induise une baisse du taux sérique de vitamine D laisse à penser qu'une attention particulière doit être portée à cette vitamine lors des séjours prolongés en altitude [15].

Propos recueillis par Axelle BRULPORT

15 M. Michalczyk *et al.*, « *Dietary Recommendations for Cyclists during Altitude Training* », *Nutrients*, 2016.

Pour aller plus loin…

(1) Louis Berthelot et Jacqueline Warnet, *Les secrets de l'intestin, Le filtre de notre corps*, Albin Michel, 2011.

(2) Denis Riché, *Micronutrition, santé et performance*, De Boeck, 2008.

(3) Didier Chos et Denis Riché, « Apports de sécurité en lipides chez le sportif à haut niveau d'entraînement », Science & sports, 2005.

(4) M. Michalczyk *et al.*, « *Dietary Recommendations for Cyclists during Altitude Training* », *Nutrients*, 2016.

(5) Denis Riché, *Guide nutritionnel des sports d'endurance*, Vigot, 2007.

(6) Denis Riché, *20 ans de recherche en micronutrition du sport et de la vie*, K Sport, 2010.

(7) Xavier Bigard et Yannick Guezennec, *Nutrition du sportif*, 3e édition, Masson, 2017.

(8) Grégoire Millet et Laurent Schmitt, *S'entraîner en altitude*, De Boeck, 2011.

(9) Tadej Debevec, Grégoire P. Millet et Vincent Pialoux, « *Hypoxia-Induced Oxidative Stress Modulation with Physical Activity* », *Frontiers in Physiology*, 2017.

(10) Denis Riché, *Épinutrition du sportif*, De Boeck, 2017.

STOP

6

POSITIONNEMENTS DE L'ÉTAT ET DU POUVOIR SPORTIF

L'objectif de ce chapitre est de présenter les évolutions récentes concernant l'entraînement en hypoxie. La lecture du travail physique ou sportif en altitude par les autorités et l'opinion publique n'allait pas de soi, il y encore quelques décennies. Question de méthodes, de principes, de méconnaissance des réactions physiologiques et parfois psychologiques. Sans cesse utilisé de façon empirique par les entraîneurs mais désavoué dans les coulisses par les institutions, il manquait à l'entraînement en hypoxie la caution des scientifiques.

Ce chapitre décrit les contraintes réglementaires surmontés et les applications diverses données par les établissements publics du ministère des Sports de notre pays après l'autorisation de l'Agence mondiale antidopage (AMA).

En faisant de l'altitude une alliée exigeante, l'athlète découvre une marge de progression idéale qui l'éloigne du dopage et lui inculque les vertus du dosage des efforts.

Certes, tous les sportifs ne sont pas nécessairement aptes ni appelés à bénéficier des bienfaits de l'altitude. Le regard de l'entraîneur et du médecin s'impose à ce niveau d'autant que beaucoup d'incertitudes pèsent encore sur l'effectivité des résultats d'après stage en altitude.

L'entraînement en altitude demeure en tout cas un marqueur significatif des capacités de l'athlète.

Le code du sport

Dans son article A 231-1 entré en vigueur le 16 août 2016, le code du sport réglemente ainsi les pratiques sportives liées à l'hypoxie d'altitude **:**

« La production du certificat médical mentionné à l'article L. 231-2-3 pour les disciplines dont la liste est fixée à l'article D. 231-1-5 est subordonnée à la réalisation d'un examen médical effectué par tout docteur en médecine ayant, le cas échéant, des compétences spécifiques, selon les recommandations de la Société française de médecine de l'exercice et du sport. »

Cet examen médical présente les caractéristiques suivantes :

« Pour la pratique de l'alpinisme au-dessus de 2 500 mètres d'altitude :

- Une attention particulière est portée sur l'examen cardio-vasculaire.

- La présence d'antécédents ou de facteurs de risques de pathologies liées à l'hypoxie d'altitude justifie la réalisation d'une consultation spécialisée ou de médecine de montagne (…). »

Le positionnement du ministère chargé des sports

En pleine affaire Festina (juillet 1998), le ministère des Sports s'est trouvé bien malgré lui en première ligne sur le front du dopage. Au regard des connaissances de l'époque sur la question, c'est « l'ère du soupçon » qui l'emporta.

Tout apport artificiel menant à la performance était délibérément banni par les pouvoirs publics. À l'époque, la ministre de la Jeunesse et des Sports, Marie-George Buffet, avait fait interdire l'usage des chambres hypoxiques fin 1998 tant que l'on n'en connaîtrait pas les effets sur les personnes. Une raison d'État mais aussi de santé publique.

Cette sage précaution s'est accompagnée d'une mobilisation autour de cette question, du Comité international olympique (CIO) et de centres universitaires menant des études sur un échantillon de 80 sportifs chacun.

De plus, le ministère ainsi que l'Agence française de sécurité sanitaire des produits de santé devaient donner l'autorisation d'utiliser un lieu de recherche, le Centre national de ski nordique de Prémanon, où ont été installées des chambres hypoxiques.

L'étude pour le CIO devait démarrer au printemps 2002 et durer environ deux ans.

Par instruction du 15 mars 2007 relative au protocole d'usage des chambres hypoxiques pour l'entraînement sportif, le ministère de la Jeunesse, des sports et de la vie associative tire la conclusion de la décision de l'AMA. Il autorise l'usage de chambres hypoxiques sous les conditions émises par l'AMA : utilisation appropriée et supervision médicale, limitation de l'accès aux sportifs inscrits sur la liste de sportifs de haut niveau. Un protocole d'usage des chambres hypoxiques sous l'égide de l'Institut de recherche biomédicale en épidémiologie du sport de l'INSEP (IRMES) a été établi. Ce document prévoit que soit donné un avis consultatif sur l'utilisation des chambres hypoxiques par les fédérations sportives désireuses de les utiliser.

Le code mondial antidopage 2017

Ce code prévoit au titre des interdictions permanentes les stabilisateurs de facteurs inductibles par l'hypoxie (HIF), par exemple cobalt, molidustat et roxadustat (FG-4592), et les activateurs du HIF, comme le xénon et l'argon.

La position de l'Agence mondiale antidopage sur l'hypoxie artificielle : non-interdiction, oui mais…

(Source : article Biolaster)

La position de l'AMA sur l'utilisation des systèmes d'hypoxie artificielle s'est construite en 2006 après de nombreuses consultations et la collecte de recommandations des comités scientifiques et du panel d'examens des questions éthiques de l'AMA exigées par ses partenaires. Les conditions hypoxiques simulées artificiellement ne figurent donc pas au nombre des interdictions prévues par la liste des interdictions 2007 figurant dans le code mondial antidopage. Cette décision demeure toujours en vigueur.

Cela n'empêche pas l'AMA de poursuivre ses investigations et d'interroger la recherche. Ainsi, en février 2017, l'AMA a lancé un appel d'offres spécial pour des projets de recherche portant sur l'identification de marqueurs sanguins permettant de différencier les effets de l'hypoxie (altitude) de l'utilisation d'agents stimulant l'érythropoïèse. Les essais cliniques prévoient l'administration d'érythropoïétine (EPO) et une exposition à une haute altitude afin d'être analysées par des technologies omiques pour la découverte de biomarqueurs.

Certains experts ont pu faire valoir que la méthode hypoxique était bien susceptible d'améliorer les performances et qu'à ce titre, elle constituait une conduite dopante au sens des textes.

Jean-François Bourg et Jean-Jacques Gouguet dans *La société dopée* (Seuil, 2017) s'interrogent sur ces atteintes à l'esprit sportif qui ne sont pas pour autant assimilées à des tricheries : « Pourquoi par exemple, l'utilisation d'EPO est-elle interdite, alors que l'entraînement en altitude ou l'utilisation d'un caisson hypoxique sont autorisés ? Le comité d'éthique de l'AMA avait d'ailleurs dénoncé ce type de pratique hypoxique, dans le cas du caisson, comme contraire à l'esprit sportif au motif que l'athlète n'avait pas fourni d'efforts pour s'améliorer. Selon ce comité, ce qui serait moralement acceptable réside dans le perfectionnement vertueux de talents naturels. »

Le comité exécutif de l'AMA [16] en a décidé autrement tout en exprimant sa préoccupation à l'égard des risques engendrés pour la santé des sportifs si le traitement par hypoxie artificielle n'est pas utilisé de manière appropriée et sous contrôle médical.

Les instances et les experts consultés ont constaté que l'utilisation des appareils d'hypoxie artificielle est bien susceptible d'améliorer les performances et se révèle contraire à l'esprit sportif.

De plus, le comité exécutif note la variation individuelle des résultats, ce qui rend l'approche de cette technique d'entraînement ou de préparation incertaine en l'état des connaissances actuelles.

On s'en doute, un examen approfondi de la littérature scientifique publiée a été fait, et les experts sollicités par l'AMA ont soulevé un certain nombre de préoccupations concernant les aspects sanitaires de l'hypoxie artificielle. Ces derniers ne se sont pas exprimés de manière définitive sur les risques de cette méthode pour la santé des sportifs. Les membres du comité ont alors confié à la commission médicale du CIO une étude portant sur l'impact de cette technique sur la santé des sportifs.

Les réalisations françaises

L'INSEP est en train de modifier sa stratégie pour répondre au mieux aux besoins des entraîneurs des pôles sportifs. Cette nouvelle politique s'appuierait sur l'exploitation de chambres hypoxiques dont l'établissement est déjà doté. Le projet d'un couloir hypoxique permettant l'entraînement des sports de vitesse est à l'étude.

16 Le comité exécutif est composé à parts égales de représentants du Mouvement olympique et des gouvernements. Il compte 12 membres. Les comités de l'AMA ont un rôle consultatif et fournissent une direction et des recommandations à l'Agence pour ses programmes. Le comité Santé, médecine et recherche vise à faire en sorte que l'AMA soit un leader mondial dans le domaine des questions de santé, de médecine et de recherche liées au sport sans dopage.

Font-Romeu, le rendez-vous incontournable avec l'altitude

Il est normal que Font-Romeu reprenne le leadership de l'entraînement en altitude. Depuis la préparation des Jeux olympiques de 1968, la station pyrénéenne occupe l'actualité de la performance sportive. Le monde sportif dans son ensemble s'y presse pour s'entraîner aux compétitions internationales majeures.

Le gotha sportif international ne s'y est pas trompé, au fil du temps, en investissant par ses délégations toujours plus nombreuses le Centre national d'entraînement en altitude de Font-Romeu, résultats à l'appui. Ainsi, cette année, les sportifs de 31 pays représentant 35 disciplines sportives et 46 % des équipes nationales françaises y ont séjourné.

Désormais, l'établissement entend jouer à fond la carte de l'innovation au profit du sport de haut niveau. C'est ainsi qu'il vient de se doter d'une salle hypoxique. Celle-ci est opérationnelle depuis novembre 2017. Cette salle de 35 m² permet de simuler des altitudes de 1 850 à plus de 6 000 mètres.

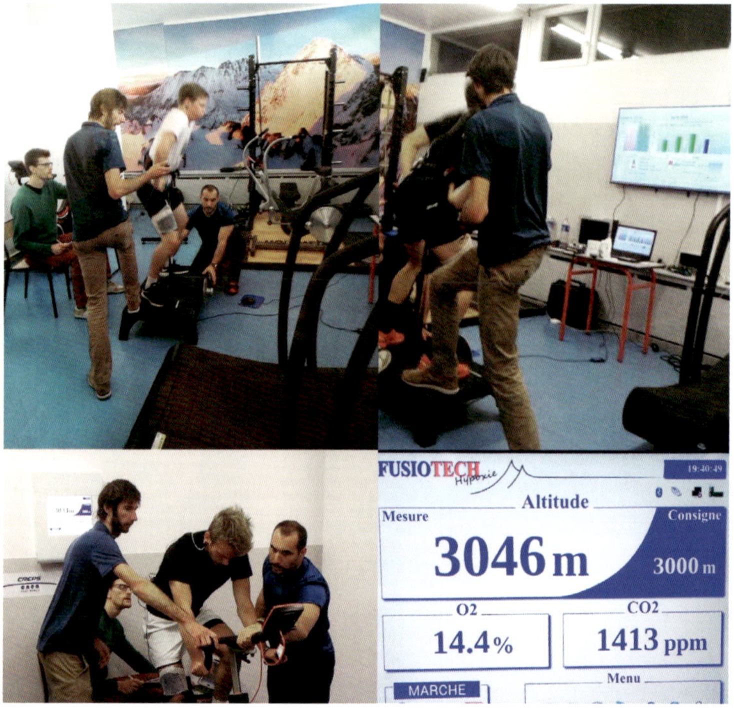

Figure 13 – Le Centre national d'entraînement en altitude de Font-Romeu.

L'établissement met aussi en place des séances thématiques sous surveillance physiologique. Il est donc possible de réaliser des entraînements métaboliques (vélo, rameur, SkiErg, course à pied, canoë), des circuits training spécifiques à chaque discipline sportive et de la musculation.

Cette salle s'intègre dans un projet global d'aménagement du territoire au service du sport de haut niveau : une piste de 400 mètres à 1 200 mètres d'altitude, des sentiers de course à 2 100 mètres et 1 500 mètres, un chalet d'entraînement à 2 100 mètres et les équipements du CREPS CNEA à 1 850 mètres (CREPS : Centre de recherche et d'expertise de la performance sportive ; CNEA : Centre national d'entraînement en altitude).

Une offre de service d'accompagnement des stages est prévue afin d'améliorer le suivi des sportifs pendant la durée du stage (suivi de la phase d'acclimatation, adaptation des intensités d'entraînement, suivi de l'état de forme physique, prévention des risques de surentraînement).

On l'a compris, avec tous ces investissements, la course à la performance à partir de l'altitude ne se fera pas sans Font-Romeu.

Pour tout contact

Centre national d'entraînement en altitude (CNEA)

Centre de recherche et d'expertise de la performance sportive (CREPS)
Adresse : 3-5, avenue Pierre de Coubertin,
66120 Font-Romeu-Odeillo-Via
Téléphone : 04 68 30 86 60
www.cnea-fontromeu.com
Service sport de haut niveau :
nicolas.bourrel@creps-montpellier.sports.gouv.fr
Bureau : 04 68 30 86 67

Nicolas Bourrel, directeur adjoint.

Le Centre national de ski nordique et de moyenne montagne (CNSNMM) de Prémanon

Le CNSNMM est un centre national d'excellence sportive, pari de la performance et de l'innovation.

Ce centre propose globalement 10 chambres de 2 personnes pouvant être mises en hypoxie ainsi qu'un chalet comprenant 4 chambres de 2 personnes et une pièce de vie (salon, cuisine). Au total 28 personnes peuvent être en stage hypoxique au CNSNMM.

L'attractivité du massif jurassien, soulignée récemment par l'organisation de la Coupe du monde de combiné nordique (20-21 janvier 2018), est devenue une réalité sportive et touristique incontournable.

De plus en plus d'équipes nationales, françaises et étrangères mettent un point d'honneur à séjourner au Centre national de ski nordique et de moyenne montagne (CNSNMM) pour y (re)découvrir les vertus de l'entraînement « croisé » des pistes de ski du Haut-Jura et de l'altitude réelle ou simulée.

De l'avis général, le CNSNMM réunit les conditions optimales requises pour un entraînement de haut niveau innovant et efficace. Les fédérations et leurs champion(ne)s ne s'y trompent d'ailleurs pas en investissant en nombre le CNSNMM pour la réalisation de stages de longue durée.

Ne vous fiez pas aux apparences. La bâtisse des années 1960 qui abrite le Centre national d'entraînement de la Fédération française de ski ne dit pas tout de prime abord sur la somme des talents scientifiques et techniques mis au service de l'entraînement de haut niveau.

Irremplaçable dans la vie du monde sportif moderne, le travail en hypoxie est de plus en plus recherché.

Ici, la discrétion et la modestie propres au montagnard sont de rigueur, alors même que plusieurs champions olympiques (Lamy-Chappuis, combiné nordique, Martin Fourcade pour ne citer qu'eux) ont construit leurs exploits compétitifs dans la maison.

Il faut dire que l'équipement de pointe du CNSNMM est irréprochable. Doté de chambres et depuis peu d'appartements hypoxiques reproduisant les effets de l'altitude jusqu'à 2 500 mètres, l'établissement bénéficie d'une rente de situation enviable. L'encadrement éclairé de Laurent Schmitt (voir Le regard de l'expert), ancien entraîneur national de ski de fond et docteur en biologie, apporte une plus-value certaine à l'aide à la performance.

Plusieurs chambres du bâtiment central d'hébergement sont configurées en chambres hypoxiques (8 chambres doubles et une chambre collective avec 6 lits).

Depuis 2015, le CNSNMM s'est doté d'un hébergement supplémentaire de qualité, constitué de trois chalets modernes et comprenant au total 12 chambres doubles (dont 4 chambres doubles sont en configuration hypoxique), des cuisines équipées indépendantes, un espace bar et plusieurs espaces de convivialité.

Par ailleurs, le CNSNMM poursuit ses investissements de modernisation, notamment par la rénovation des installations sportives du stade des Tuffes qui, à l'occasion des prochains Jeux olympiques d'hiver de la Jeunesse qui seront organisés par la ville de Lausanne en 2020, accueilleront les épreuves olympiques de ski nordique.

Dans cette inexorable « marche en avant » vers l'excellence, l'établissement peut compter sur la coopération financière du ministère des Sports, des collectivités territoriales, de la Fédération française de ski et de partenaires privés.

La qualité des équipements et du travail accompli par ses cadres fidélise dans une interdisciplinarité productive des fédérations olympiques d'été comme celles du judo, de l'aviron, du cyclisme et du tennis bénéficiant de la préparation physique en altitude.

La fabrique de champions n'est donc plus le monopole d'un établissement. Elle devient plurielle et interdisciplinaire pour ce centre rattaché administrativement à l'École nationale des sports de montagne (ENSM) de Chamonix.

Le sport français a évidemment tout à gagner de ces nouvelles combinaisons placées résolument au service de la plus haute performance mondiale.

CNSNMM

1848, Route des Pessettes, 39220 Prémanon, France

Téléphone : +33 3 84 60 78 37

Le regard de l'expert

Entretien avec Laurent SCHMITT

Rendre les entraînements des sportifs de haut niveau plus performants fait partie de son ADN

Entraîneur national de ski de fond (1986-1998), Laurent Schmitt dirige le département Haut niveau, Recherche et Développement au Centre national de ski nordique de Prémanon et intervient à l'INSEP, dans la formation continue des entraîneurs nationaux des fédérations sportives olympiques depuis 2006. Il conseille aussi des entraîneurs et des athlètes des équipes nationales de nombreuses disciplines (triathlon, aviron, canoë-kayak, ski de fond, combiné nordique, biathlon, football, tennis...).

Titulaire d'un Doctorat de biologie, obtenu en 2007 avec mention très honorable et félicitations du jury, sous la direction du professeur Jean-Paul Richalet, Laurent Schmitt est un pionnier et un chercheur spécialisé dans l'entraînement en altitude. Ses nombreuses publications scientifiques sur des thèmes tels que l'individualisation de l'entraînement, la gestion du stress et de la fatigue, l'utilisation de l'hypoxie dans l'entraînement et ses effets physiologiques le rendent incontournable dans ce domaine.

Il intervient ci-dessous dans un cadre contraint qui est celui des trails et des courses de montagne.

Quels axes physiologiques développer dans la préparation d'un objectif de course se déroulant en zone de montagne ?

Il faut tout d'abord distinguer deux phases : l'acclimatement et l'acclimatation. Durant la première phase, il faudra aborder la préparation avec prudence et ne pas se lancer à fond dans un entraînement trop intensif (ne pas dépasser le niveau du seuil ventilatoire 1 dans la première semaine de stage), à cause des perturbations psychologiques que l'altitude entraîne.

Durant cette période, on évitera donc de brûler les étapes. La première semaine de séjour, il faudra tenir compte des adaptations physiologiques aiguës dues à l'altitude. Par exemple, la déshydratation, la perte du pouvoir tampon sanguin et musculaire.

Il faudra s'entraîner modérément et augmenter progressivement le rythme des séances. La première semaine est donc une semaine à intensité modérée où l'on prend bien soin de s'hydrater davantage, où le volume des séances peut atteindre 3 heures sans problème. Le facteur restant sous contrôle étant l'intensité de l'effort.

Peut-on s'adapter rapidement à un effort en montagne quand on est un coureur s'entraînant régulièrement ? Quelles sont les conditions à respecter ?

Il n'existe pas de recette miracle. Faire et programmer régulièrement des stages en altitude (mais pas plus d'un stage de 15 jours tous les 2 mois) afin de bénéficier des effets cumulés et apprendre à connaître ses propres réactions. Cumuler et partager des expériences d'entraînement avec d'autres sportifs pas forcément de la même discipline est aussi une attitude constructive. Enfin, le principal est de faire intervenir la mémoire musculaire et physiologique afin de conserver les bonnes sensations et de les mobiliser à bon escient.

Propos recueillis par Jean-Bernard PAILLISSER

Ce qu'il faut retenir

Le travail en hypoxie suscite, au-delà de la curiosité scientifique, un engouement bien réel au sein de la population sportive soucieuse de se préparer dans les meilleures conditions physiques, physiologiques et de sécurité.

Ce chapitre décrit aussi l'évolution des positionnements des pouvoirs publics et du mouvement sportif qui ont – principe de précaution oblige – recherché et sollicité les experts les plus qualifiés en la matière pour valider le travail en altitude.

Ce « feu vert » des chercheurs a été bien sûr déterminant pour l'utilisation raisonnée de l'hypoxie artificielle. Il a permis aussi à des établissements publics du ministère des Sports de révéler leur savoir-faire et des initiatives conduisant à la performance et au bien-être des athlètes.

De lourds investissements financiers et des objectifs internationaux de premier plan sont naturellement en jeu.

Mais le plus important réside sans doute dans le caractère irréversible de l'utilisation de l'altitude à des fins compétitives et de santé publique. C'est là le challenge le plus exaltant qui résulte de la mise en commun des « bonnes pratiques » concernant l'altitude.

7

L'ALTITUDE ET SON ÉCONOMIE

L'objectif de ce chapitre est de démontrer le poids du modèle économique des entreprises (fabricants, distributeurs, propriétaires de salles de sport) travaillant dans le secteur de l'altitude.

Même s'il est exagéré de parler encore de démocratisation à l'accès des équipements individuels ou collectifs, les entreprises spécialisées dans l'hypoxie, le plus souvent étrangères, connaissent un succès garanti auprès du grand public.

En termes de tendance, le sport de haut niveau, quelle que soit la discipline observée, considère que l'entraînement en altitude constitue un passage obligé pour les athlètes avant ou pendant la saison.

Le sport santé, la recherche médicale, celle du bien-être du citadin se mobilisent désormais autour de ce nouvel outil que constitue ce phénomène indompté mais en apparence plus accessible que constitue l'altitude.

Combien ça coûte ?

L'altitude a un coût, *a fortiori* lorsqu'elle est assistée ou simulée artificiellement. Le secteur médical utilise de longue date les équipements hypoxiques, ce qui n'est pas le cas des autres acteurs économiques (fédérations sportives, clubs, particuliers) qui découvrent ces équipements, leur utilisation et leur prix... Plusieurs entreprises internationales détiennent des parts de marché intéressantes dans ce secteur encore méconnu économiquement parlant. On notera parmi elles la prédominance... des entreprises anglo-saxonnes et notamment américaines comme Altitude Technology Solutions, B-cat, Hypoxico, Colorado Altitude Training. Parmi les neuf plus grosses entreprises qui interviennent sur ce marché, le Vieux Continent est représenté par SMETC (Suisse) et Fieldbrook (Grande-Bretagne). La plupart de ces entreprises, dans un souci de diversification, proposent dans le cadre de leurs prestations des applications sportives toujours plus sophistiquées et coûteuses (amélioration de la performance par altitude simulée) et surtout des options médicales. L'engouement croissant et actuel pour le sport santé explique en partie cette tendance.

À ce titre, une étude comparative sommaire donne au sportif ou à l'entraîneur motivé par l'altitude quelques éléments financiers de comparaison avec les séjours en montagne et un aperçu sur la diversité bien réelle des produits proposés.

En Suisse, le prix pour la location d'une période de stage en altitude (minimum 16 jours) est de 390 €, inclus le protocole de l'entraînement en altitude adapté à vos besoins spécifiques. Pour chaque semaine supplémentaire, le prix est 50 € par semaine (info@physioinnovation.ch).

Par exemple, un kit d'entraînement hypoxique permettant de bénéficier au maximum des effets de l'altitude, utilisable jusqu'à 3 530 mètres, coûte environ 3 499 €. Il est adapté à l'entraînement individuel et/ou mobile.

Les principales caractéristiques d'un kit d'entraînement hypoxique

- Une unité Cloud9 pour ajuster l'altitude (typique), 15,0 % O_2 (2 700 m) et 13,5 % O_2 (3 530 m).
- Flux de la pompe jusqu'à 95 litres/m.
- Le système inclut un oxymètre de pouls pour contrôler la saturation et la fréquence cardiaque pendant l'effort.
- Alarmes audio en cas de perte de source électrique, pressions basses ou hautes…
- Puissance électrique 230 V, 500 W.
- Faible niveau de bruit.
- Système transportable sur roulettes.
- Poids 27 kg.
- Ce système inclut un kit de connexion pour relier au masque ou à la tente de nuit.

Il faudra compter 99 € pour un kit de connexion au générateur qui relie celui-ci à un masque ou à la mini-tente pour utilisation nocturne. Ce kit contient : un sac Silencer de 15 litres, un tube de 30 cm, un tuyau de 1 m, un tuyau de 2 m, un adaptateur pour tube, un filtre antibactérien.

Un kit support de masque coûte 59 €. Le kit de connexion Could9 Masque permet de relier votre unité Cloud9 au masque.

Une mini-tente pour lit est proposée à 499 €. Cet équipement est idéal pour l'entraînement individuel et/ou mobile. Le système Cloud9 permet d'améliorer les performances en l'associant à un entraînement adapté. Pratique, ce système recrée un volume hypoxique pour bénéficier au maximum des effets de l'altitude en situation de sommeil.

La taille du système permet également à l'utilisateur de se tenir assis dans le lit pour pouvoir travailler sur un ordinateur ou regarder la télévision.

Au total, pour l'équipement complet précité, le sportif ou son club devra débourser ou investir au bas mot un montant d'environ **4 200 €**.

Enfin, il est possible de séjourner dans les centres réputés au plan international pour leur savoir-faire en matière de gestion de l'altitude : Saint-Moritz (1 800 m), Addis-Abeba (2 200 m et plus), Font-Romeu (1 800 m), Mexico (2 400 m), Albuquerque (1 800 m), Ifrane (1 600 m), Iten (2 200 m et plus), etc.

Quelques exemples de réussites économiques

La société **Altitude Training**, présente à Londres et à Limerick (Irlande), a célébré son dixième anniversaire en 2013. Le rôle qu'elle joue depuis sa création est évocateur de l'engouement du sport professionnel pour ce type de préparation.

Selon une étude menée à l'occasion des Jeux olympiques d'Athènes de 2004, 80 % des athlètes auraient utilisé l'entraînement en altitude dans le cadre de leur préparation. Comment ne pas profiter de cette aubaine ?

Dans les années suivantes, des centres s'implantent dans le pays. Des chambres hypoxiques sont installées à Covent Garden (2005), à l'université de Gloucester (2006), à Tottenham Hotspur Football Club (2007) et Liverpool Football Club (2008).

La société **Altitude Centre** installe 7 chambres hypoxiques à Limerick, en Irlande, en 2011. La réussite sportive ne tarde pas. Altitude Centre se classe en dixième position au regard des médaillés aux Jeux olympiques de Londres (2012). D'autres centres labellisés ouvrent en 2012, en 2013 (St Georges Park, Manchester, Dubaï) et profitent de son savoir-faire.

Le centre a notamment accueilli des athlètes britanniques pour préparer les Jeux olympiques de Pékin (2008), les équipes d'Angleterre et d'Irlande de rugby pour leur tournée en Afrique du Sud (2009) et l'équipe d'Angleterre de football pour sa participation à la Coupe du monde de football se déroulant en Afrique du Sud.

Juste retour des choses puisque la Fédération de football avait été son premier client lors de la création de la société, en 2003.

AltiMax Training Center est le premier centre d'altitude simulée des États-Unis (Colten W. Smith, colten@altimaxtraining.com).

Les entraîneurs et les consultants d'AltiMax Training Center travaillent en liaison avec les athlètes et les équipes professionnelles pour personnaliser un programme d'entraînement à l'altitude simulée, pour améliorer leurs performances et augmenter l'efficience de leur respiration.

AltiMax Training Center utilise une forme d'entraînement de simulation d'altitude plus connue sous le nom de **Intermittent Hypoxic Training (IHT)**.

Depuis 2004, AltiMax a dispensé plus de 4 000 sessions de formation à des coureurs, triathlètes, alpinistes, sportifs professionnels comme les pratiquants de sports de combat, joueurs de basket, randonneurs, etc.

Adresses utiles de prestataires d'entreprises spécialisées dans l'hypoxie

Altimax Training Center – Sporting Edge UK LTD
Unit J, Loddon Business Centre, Roentgen Road
Basingstoke RG 248 NG, UK • Tél. : 44(0) 1256 84 44 84

The Altitude Centre City
6, Trump Street • Near Cheapside • London EC2V8AF • Tél. : 020 71 931 626

The Altitude Centre Ireland – Altitude House – Kilmurry Village
University of Limerick Conference and Sports Campus, Campus Life Services
Limerick, Ireland • Tél. : 353(0)1 687 7029 • e-mail :info@altitudcentre.ie

ATS - Altitude Training Systems
3 Squill Place - Arndell Park, NSW 2148 - Australie
Tél. : 1300 138 124 • www.ats-altitude.com • altitudetraining.com

B - Cat BV
Biezenwei 6 • 4004 MB Tiel • Nederlands
Tél. : 31 344 670 586 • e-mail : info@b-cat.nl • www.b-cat.nl

Hypoxico
www.hypoxico.com • Délégation française : Brigitte Bottin
Tél. : 04 42 13 21 21 • www.altirun.fr

CAT - Colorado Altitude Training
686 South Taylor Ave, Suite 101 • Louisville CO 80027 •Tél. : 1 844 617 2520

Fieldbrook
1 Ice Cream Dr, Dunkirk, NY 14048, États-Unis
Tél. : 1 716 366 5400 • www.fieldbrook.co.uk

Low Oxygen, Corporate Headquarters
326 Bollay Drive - Goleta, California 93117 • lowoxygen.com

Oxygen Therapy Users
Tél. : 1 800 630 3144 • support.inogen.com

HME Providers
Tél. : 1 805 562 0611

SMTEC - AltiTrainer
www.smtec.net

Un exemple de salle d'entraînement hypoxique privée (Suisse)

Adresse : Centre Sport@Altitude, Cité Générations, Route de Chancy 98, 1213 Onex, Suisse.

Descriptif de la salle : Il s'agit d'une structure de 100 m², répartie en deux salles d'entraînement avec altitude simulée variable allant de 0 à 8 000 mètres d'altitude.

De plus, le centre est équipé d'une salle de test (VO_2max et test à l'hypoxie).

Conditions d'accès : Ces salles sont ouvertes au grand public, sous réserve d'absence de contre-indications médicales. Cette structure peut accueillir un public de tout âge, professionnel ou amateur, ayant des objectifs divers : sports collectifs, sports de montagne et de plein air (trail, VTT, ski de fond, ski de piste, séjour en altitude, préparation d'expédition, himalayisme...).

Possibilité d'encadrement, élaboration des programmes d'entraînement : Une équipe médicale experte en médecine du sport et en médecine de montagne gère la structure. Elle offre des possibilités de coaching sportif privé et à la carte. Il est possible de réaliser des nuits en hypoxie pour une acclimatation préalable.

Tarifs : À partir de 50 CHF (environ 43 €) la séance d'une heure. Abonnement possible.

La place sociale de l'altitude

Signe des temps ou paradoxe, il semble que l'intérêt du monde du sport pour l'altitude soit plus diffus ou plus discret que la vogue ascendante des centres d'oxygénation et des « bars à oxygène » qui peinent cependant à se concrétiser et à fidéliser leur clientèle.

Réglons tout d'abord un problème sémantique : les **bars à oxygène** sont des centres qui dispensent à des publics variés des cures d'oxygène concentré, dûment adaptées à la personne. Ils n'ont donc aucune des activités du bar traditionnel. Les bienfaits prodigués reposent sur des sensations de bien-être et de repos que le rythme trépidant de nos métropoles n'apporte plus.

Aucun des bars existant à Paris n'a malheureusement pu maintenir ses activités à ce jour.

Les apports concrets de l'altitude au sport santé

Le sport a bénéficié des recherches et des réalisations faites à partir du secteur médical et parfois au profit de celui-ci.

Les principaux effets positifs et curatifs de l'oxygène sur la santé peuvent être résumés ainsi :

- Diminution des maux de tête et des difficultés respiratoires liées à la pollution de l'air, accroissement de la concentration et réduction de la fatigue.
- Amélioration de la mémoire, du moins jusqu'à une certaine altitude.
- Amélioration du sommeil, de l'endurance physique, de la récupération musculaire et de la circulation sanguine.
- Renforcement du système nerveux, diminution des effets de la haute altitude et du décalage horaire.
- Meilleure assimilation des vitamines, des minéraux et autres nutriments.

Le regard de l'expert

Entretien avec Frédéric Gazeau

- *Entraîneur à Genève, spécialiste de l'hypoxie*

L'hypoxie et le champ des possibles

Depuis au moins deux décennies, Frédéric Gazeau, entraîneur genevois réputé, assure la promotion de l'hypoxie artificielle en appliquant le protocole Métab Clean®.

Grand sportif lui-même, docteur en sciences de la santé et du sport, l'homme connaît son sujet sur le bout des doigts et a pu en mesurer les évolutions technologiques et ses limites. Dans son entreprise Personal Trainer, sise au centre de Genève, les photos et dédicaces de « têtes d'affiche » valorisent aux yeux des clients ou des visiteurs les résultats du travail effectué avec notamment l'élite des sports d'endurance.

Avant d'aller plus loin, une mise au point s'impose. La méthode proposée par ce Centre de compétences pour le réentraînement à l'effort et à la performance sportive (CCREPS) ne vaut que par sa personnalisation. Elle ne s'applique au sportif de haut niveau ou au sportif de base qu'en vertu d'une analyse de ses qualités physiologiques et de ses objectifs (état de santé en liaison avec le médecin traitant, bien-être, souci de la performance, amélioration de la concentration…).

Du reste, Personal Trainer entend sélectionner ses abonnés afin d'assurer un service haut de gamme. Ceux-ci sont encadrés par des professionnels de l'entraînement alliant une formation universitaire de très haut niveau et une solide expérience de l'activité physique adaptée et du sport.

Le CCREPS ne cesse d'innover dans de nouveaux protocoles d'entraînement à l'effort en utilisant du matériel technique de pointe donnant lieu à des recherches scientifiques avancées.

« L'hypoxie se présente pour nous comme un outil de travail au même titre que le renforcement musculaire ou le travail de l'endurance, nécessairement intégrés dans la préparation physique d'un athlète », déclare d'emblée Frédéric Gazeau.

Et de poursuivre : « Deux applications sont privilégiées : le travail au seuil lactique à 2 500 mètres (training high sleeping low) mis en valeur par les travaux du professeur Hans Hoppeler, maître à penser d'une méthode qui a fait ses preuves. »

Généralement, le milieu naturel est utilisé par les sportifs pour des séjours modulant l'altitude d'une durée de 30 jours jusqu'à 3 000 mètres d'altitude, mais Frédéric Gazeau travaille avec un simulateur d'altitude (AltiTrainer) permettant ainsi au sportif de jouir des effets bénéfiques de l'altitude sans en subir les inconvénients (troubles du sommeil, fatigue, etc.).

L'amélioration qualitative de l'entraînement s'en ressent très vite par l'augmentation de la quantité de myoglobine musculaire (meilleur transport de l'oxygène dans la cellule musculaire).

« L'autre choix proposé, poursuit Frédéric Gazeau, consiste à récupérer en altitude et à s'entraîner en plaine. En simulation (AltiTrainer NP), la durée est de 50 minutes à raison de deux fois par semaine. L'essentiel du processus utilisé est de moduler l'altitude en attendant de l'organisme une réponse biologique, qui mettra fin par exemple au stress métabolique de l'entraînement du compétiteur.

Dans ce contexte, le simulateur d'altitude AltiTrainer peut enregistrer des progressions de la VO_2max de l'ordre de 4 % et de 15 % du temps limite à la VMA (résultats principalement enregistrés dans les sports d'endurance). »

Un entraînement rationalisé et des applications élargies à la recherche médicale

« Actuellement, au centre, nous déclare Frédéric Gazeau, l'entraînement sous hypoxie est utilisé par des cyclistes ou des fondeurs (principalement donc des sports d'endurance) plus rarement, mais de façon croissante, par d'autres sports (tennis, etc.). L'exposition est d'une cinquantaine de minutes avec une altitude maximale pouvant atteindre 5 500 mètres. Un masque relié à une bouteille d'azote assure cette exposition "régulée". Pour les sportifs populaires, le traitement est constitué de 10 expositions durant 7 semaines. »

« La nouvelle génération d'AltiTrainer présente plusieurs innovations. La première a été de remplacer le système manuel (molette) qui permettait de graduer l'altitude. Celle-ci est gérée désormais électroniquement par un saturomètre. L'appareil détecte lui-même le niveau de stress sympathique de l'utilisateur (plus la personne est stressée, plus l'altitude sera élevée) et adapte en conséquence les séances à accomplir... en toute sécurité. »

« L'hypoxie ne gagne pas de terrain et cela n'est pas anodin », regrette Frédéric Gazeau. Il poursuit en déplorant le déficit technologique qui se creuse entre les pays européens et l'hémisphère Sud : « Comment comprendre, dans certains pays de l'hémisphère Sud, le succès populaire rencontré par les centres hypoxiques, en Nouvelle-Zélande ou en Australie, par exemple, où un protocole russe est appliqué (altitude maximale de 8 000 mètres) et qu'il n'en soit pas de même chez nous ? » La question méritait d'être posée.

Mais le plus important est ailleurs selon notre interlocuteur : « Les futurs défis de l'hypoxie artificielle passeront par la sécurité, le visuel, les alarmes. L'intransigeance s'impose dans ce domaine. »

Certes, mais des équipes de chercheurs regroupées autour du professeur Vergès (CHU de Grenoble) sont en train d'étudier des applications susceptibles de soigner des pathologies hypoxémiques comme le syndrome d'apnée du sommeil, la bronchite chronique, l'obésité ou les maladies cardio-vasculaires et notamment l'hypertension artérielle.

Les conquêtes de l'hypoxie sont aussi pour demain !

Propos recueillis par Jean-Bernard Paillisser

Ce qu'il faut retenir

Le marché de l'hypoxie est en pleine expansion. Ce sont les entreprises anglo-saxonnes qui dominent actuellement le marché de la fabrication où les produits proposés se distinguent par leur hétérogénéité (chambres, tentes, appareils de simulation de l'altitude, équipements individuels et dérivés…).

Des centres, voire des salles sportives, d'altitude se développent et proposent des services, sous contrôle médical, tels que l'élaboration de plans d'entraînement sportif en altitude, la préparation d'expéditions en montagne ou de simples séjours récréatifs.

Au vu de la demande croissante du grand public, ce marché très diversifié et très ciblé s'oriente à la hausse sur le plan international.

La dépendance de ce domaine vis-à-vis de la recherche est plutôt un atout.

En guise de conclusion

À la conquête de l'altitude impossible (8 848 mètres)

Serge Koenig est un alpiniste qui compte plus d'un millier d'ascensions dans sa besace d'himalayiste professionnel. Tutoyer les sommets est son affaire comme d'autres vont au bureau. En ouvrant des grandes voies des Alpes (face nord des Grandes Jorasses, pilier ouest des Drus, pilier central du Frêney, face nord des Droites, face sud du Fou, face nord de l'Eiger, face nord Piz Badile…), titulaire d' une trentaine de premières, de solitaires et d'hivernales, d'une quinzaine d'expéditions sur plusieurs continents (Andes en Équateur et Argentine, Grandes Rocheuses aux USA, Amazonie au Brésil, Sahara, Himalaya au Népal et en Chine), l'homme se préparait à une plus grande destinée… Ses quatre expéditions à l'Everest (8 848 mètres), respectivement en 1981, 1983, 1986 et 1988 (sans oxygène), le classent au 251e rang parmi les premiers à en atteindre le sommet. C'est la réussite de l'expédition Sagarmatha 1988 (arête sud-est, versant Népal, atteinte du sommet 8 848 mètres) qui le consacre finalement.

Il témoigne de cette aventure sportive hors du commun.

Pourquoi l'Everest ?

« Parce qu'il est là ! », avait dit George Mallory (dont l'ascension de 1924 est évoquée dans l'introduction de ce livre). C'est la meilleure des réponses.

Vous avez côtoyé plusieurs fois ce monde à part qu'est la très haute altitude. Comment avez-vous abordé ce challenge ? Avec ou sans O_2 ?

J'ai eu le privilège de vivre cette immersion à une époque encore quasi exploratoire puisque c'était au début des années 1980, et par le versant tibéto-chinois encore fermé. Au cours de mes différentes expéditions, je m'étais aventuré quatre fois dans ce monde des 8 000 mètres sans complément d'oxygène. Et puis, dans cet environnement où on ne discute pas de quelques neurones détruits par l'hypoxie mais d'un véritable génocide de cellules cérébrales, j'ai aussi fait le choix à deux reprises d'avoir recours à une bouteille de ce précieux gaz de vie.

Votre rencontre avec cette montagne symbolique…

C'était en 1981, au Tibet, dans une Chine qui vivait encore à l'époque de Mao, tout le monde en costume vert ou bleu avec la casquette et l'étoile rouge… À Lhassa, une douzaine de camions verts nous attendait, vieux 4×4 des troupes armées communistes de la « libération » des années 1950, qui croulaient sous le matériel pour quatre mois d'expédition. Ce premier projet occidental d'alpinisme sur le versant nord de l'Everest, à l'ouverture des frontières de la république populaire de Chine, était français et militaire. J'étais « l'appelé » de l'équipe. Par un froid sibérien de début mars, nous avions traversé les plateaux ventés du toit du monde lorsque soudain, passé 5 000 mètres d'altitude au détour d'une vallée pelée, nous avons débouché sur les ruines du monastère de Rongbuk, surplombé par cette montagne qui domine elle-même le monde. Magique, écrasant, presque inquiétant pour nous, pourtant fils de la haute montagne. Aucun d'entre nous n'ira au sommet ; l'altitude et le vent ne nous avait fait aucun cadeau, ruinant le moral et les énergies des plus coriaces… « Mais tout le monde rentre vivant », dira, en guise de conclusion, le capitaine Jean-Claude Marmier, fondateur et patron du Groupe militaire de haute montagne (GMHM), et qui coordonnait l'expédition.

Aventure inachevée, donc ! Est-ce cette expérience qui vous a amené à vous « encorder » à l'Everest ? Parce que vous allez y retourner plusieurs fois…

Oui, il faut bien admettre que ce sommet agit comme un aimant sur les hommes en quête d'absolu. Certainement parce qu'il est le plus emblématique des hauts lieux de la Terre, des pôles et autres cap Horn… Deux ans plus tard, en 1983, j'y retournais en effet à nouveau par le Tibet qui n'était toujours pas officiellement ouvert aux étrangers. Yannick Seigneur, le ténor français de l'himalayisme, dirigeait alors un ambitieux projet de traverser l'Everest par les arêtes ouest et nord en cordées légères, c'est-à-dire sans assistance et avec un équipement minimal. L'équipe était solide. Pour autant le sommet ne se livrait toujours pas… Le mauvais temps nous surprit alors que nous étions accrochés à 8 450 mètres. Nous subirons un bivouac épouvantable avant de nous replier, suffocants, à 7 500 mètres sur le camp d'une grosse expédition américaine venue du Népal. Que nous allions bénir... Je vois encore, dans le grésil cinglant, une silhouette se précipiter hors d'une tente pour venir vers moi, me débarrasser de mon sac à dos, dessangler mes crampons. Je ne tenais plus debout et ces Américains nous ont sans doute sauvés d'une « mort blanche » qui ne semblait pas loin. Il faut bien comprendre qu'il n'y avait à l'époque aucune information météo par satellite indiquant aux alpinistes les fenêtres de temps favorables. Aussi, chaque tentative ressemblait-elle à un vrai coup de poker et les risques de se retrouver piégé dans le mauvais temps étaient réels. Tête givrée par l'altitude, le vent et le froid, en titubant vers la Chine, nous avions heureusement pu regagner *in extremis* notre camp de base où nous attendait le toubib de l'expédition, Jean-Louis Étienne. Chacun de nous avait perdu dix kilos dans l'épreuve.

Cela donne corps à ce que vous évoquiez dans votre préface : « L'ascension ressemble plus à une guerre qu'à un sport » ! Le risque potentiel d'y perdre la vie ne vous faisait-il pas renoncer ?

On sait bien que cette Terre ne se donne pas facilement, et ses sommets encore moins. L'alpiniste n'aime pas lâcher prise, d'autant plus s'il est habité par un tempérament d'Alsacien et de Chamoniard. À quatre reprises je me suis rapproché de mon but, toujours plus près. En 1986, je parvenais avec une cordée suisse sur l'antécime sud, à 70 mètres seulement sous le sommet. Ce jour-là, tracer inlassablement dans une neige profonde avait mangé nos forces. L'Everest était ancré dans une mer moutonnée de nuages de mousson. Nous aurions pu réussir, en deux heures peut-être, mais j'entends encore cette voix intérieure : « Si tu insistes, tu resteras là-haut ! » Je sentais d'instinct le point de non-retour, un bip d'alerte qu'il vaut mieux savoir écouter. Ceux qui ont perdu cette lucidité ne sont souvent pas rentrés. Un bon guide est un guide qui sait revenir vivant. Et puis les montagnes attendent...

Cette expérience accumulée avait alors convaincu Antenne 2, la télévision nationale française, de vous confier en 1988 la direction du projet de « L'Everest en direct ». En quoi consistait cette expédition ?

C'était un projet hors norme de la Compagnie des guides de Chamonix qui d'ailleurs occupera mon temps et mes pensées durant deux ans. Pour la première fois, des rendez-vous en direct de l'Everest allaient être diffusés quotidiennement sur une télévision. Nom de code pour l'opération : « Sagarmatha », nom népalais du toit du monde qui signifie littéralement « dont la tête touche le ciel ». Deux semaines d'émissions, date de départ imposée, montée en puissance à l'antenne, arrivée au sommet dans les trois derniers jours du programme. Mon rôle consistait à concilier l'inconciliable, car on n'impose pas ses volontés à l'Everest...

Pourtant, les contraintes du programme décideront bien de la date de l'assaut final ! Cela a-t-il eu des conséquences ?

Bien évidemment ! Le suivi du programme nous avait fait entrer dans la saison d'automne avec les vents continentaux du Nord, violents et froids qui amplifient les effets de l'altitude. Cette nuit-là du jour « J » du 13 octobre 1988, de l'équipe franco-népalaise nous n'étions plus que sept rescapés après une étape longue et éprouvante à s'être hissés de 6 300 à 8 000 mètres au col Sud qui était littéralement bombardé par les vents. Assis en cercle, serrés les uns contre les autres dans une tente igloo de trois places, nos jambes s'entremêlaient autour d'un réchaud servant à faire fondre la neige. S'hydrater au maximum. Ne pas fermer l'œil de la nuit en guettant une accalmie, et en broyant du noir devant un échec probable. Aucun d'entre nous n'était en forme : à cette altitude, même à l'abri, en mangeant, buvant et dormant, on se réveille immanquablement plus fatigué que la veille. La quantité d'oxygène présente dans le sang est insuffisante pour couvrir les besoins vitaux du corps. Les tissus musculaires se détériorent, la résistance au froid diminue, les cellules cérébrales s'engourdissent... Les heures qui s'écoulent emportent les forces, inexorablement. Personne ne peut survivre plus de quatre ou cinq jours là-haut. Pourtant, le sommet, c'était maintenant ou jamais. Nous le savions.

Dans ces conditions, est-ce le chef d'expédition qui décide qui va monter au sommet ? Comment cela se passe-t-il sur le terrain ?

Non, dans ces conditions, quand la vie est en jeu, chacun décide pour lui-même. Si l'expédition est un travail collectif, plus on monte, plus on se recentre sur soi, non par esprit de compétition mais par réflexe de survie.

On imagine cette tente à 8 000 mètres, noyée dans une profonde torpeur... Comment trouvez-vous la volonté de quitter ce cocon de chaleur pour partir vers le haut ?

Il y avait, en ce qui me concerne, le poids de ma responsabilité dans la conduite de cette opération, mes expériences passées, l'envie aussi de finir cette histoire et de ne pas décevoir. C'était autant d'aiguillons aux fesses pour que je me mette debout. Le Népalais Lakpa Sonam Gurung empoigna alors aussi ses chaussures à grandes guêtres et y enfila ses pieds. Avec lui, j'avais tissé un lien de complicité et nous nous étions promis de décrocher le Graal ensemble. Nous vérifiâmes tout : nos équipements, la caméra pour le direct, une gourde de thé sucré sous la veste pour qu'elle ne gèle pas... Et nous partons pour le sommet. Quatre heures plus tard, nous atteignons 8 760 mètres, l'antécime sud sur l'arête frontière sino-népalaise.

C'est bien là que deux ans auparavant vous aviez dû renoncer avec une expédition suisse ?

En effet. Mais la neige ce jour-là est moins profonde et donc il ne faut pas faire la trace. En levant les yeux, nous savons qu'il nous reste à gravir moins de cent mètres de dénivelé pour gagner la cime. On ne se dit rien. On se regarde brièvement, et dans notre regard on pouvait lire la détermination d'aller au bout. Mais à l'altitude où volent les 747, il faut continuer de se concentrer pour assurer chaque pas qui coûte cher en énergie et en volonté.

Nous nous abritons alors quelques instants sous une corniche pour sortir la corde. Le vent s'est remis à souffler en rafales, agressif, venant du nord et annonçant l'hiver. Bruyant. Déstabilisant. Il assèche depuis quelques jours la montagne, effile et lisse l'arête vers le sommet qui est pratiquement de glace. Progresser dans ces conditions devient de l'alpinisme technique. Lakpa, mon compagnon, hésite et veut s'encorder. Lui, Népalais, est plus robuste en haute altitude. Moi, plus aguerri en escalade. Il porte les quatre kilos de la caméra et j'ouvre le chemin en l'assurant à la corde. C'est à cet endroit précis que le verrou de la voie barre l'accès du sommet : le « ressaut Hillary », du nom du premier vainqueur de l'Everest. Pas d'autre solution que de franchir ce mur vertical de quinze mètres, ce jour-là en rocher à nu. Habituellement, des cordes pendent pour aider à le surmonter, mais le vent a tout nettoyé.

Engoncés dans la doudoune, crampons aux pieds, moufles aux mains, sac au dos, souffle court avec les bourrasques et 2 500 mètres à pic sous les pieds, nous ne faisons pas les malins. Je me vide la tête avant de m'agripper au rocher en posant les pointes des crampons sur les bons reliefs pour ne pas m'envoler. Une dernière prise avec l'aide de mon piolet solidement ancré dans la neige glacée qui couronne le mur et je peux assurer avec le filin Lakpa qui grimpe à son tour. Le plus dur est derrière nous…

Être, ne serait-ce que pour un instant, l'homme le plus haut… Comment cela se passe-t-il au sommet ? Que faites-vous ? Comment-vivez-vous cela ?

Il est, ce jour-là, 13 h 30 quand nous nous jetons dans les bras l'un de l'autre dans un geste de profonde complicité. L'instant est bref, mais insensé. Debout sur cette échine de l'Himalaya qui se perd à l'horizon, j'ai un pied au Népal et l'autre en Chine. L'émotion est brute. Immense sentiment de délivrance… Notre solitude confère encore plus de beauté et de mystère à cet endroit perdu. Mon regard est attiré par les géants voisins : le Lhotse et le Makalu qui paraissent des sommets accessibles, le Cho Oyu, une montagne secondaire… Visions trompeuses : ils font partie des six plus hauts sommets de la planète.

Un chocard pris dans les turbulences se bat contre les éléments… Que fait là ce corbeau ? Une bourrasque l'emporte ; peut-être suis-je simplement en train de l'imaginer ? Je ne réalise pas à ce moment-là qu'un rêve de dix ans vient de s'accomplir…

Et puis, quelques heures plus tard se jouera, bien dans la réalité, un drame qui restera à jamais imprimé en moi. Le compagnon fidèle, Lakpa Sonam, avec qui nous avons partagé ces minutes au sommet, parmi les plus intenses de notre vie, va être avalé dans un toboggan glacé avec son frère Passang Gurung qui nous avait rejoint alors que nous redescendions vers 8 600 mètres. La fatigue ? Un étourdissement dû au manque d'oxygène ? L'erreur technique ? Un déséquilibre par le vent ? Peut-être tout cela en même temps. Nous remonterons à 8 200 mètres pour récupérer les corps et les redescendre…

Moments d'exceptions ! Moments dramatiques ! Quelles marques vous ont laissé ces ascensions dans l'oxygène rare du toit du monde ?

J'ai bien vu dans l'attitude des alpinistes sur cette montagne, senti au fond de moi en arrivant à 8 848 mètres, que c'est ce sommet-là, plus que n'importe quel autre, qui donne le sentiment d'accéder à une félicité quasi divine, de revenir vainqueur, parfois rescapé, bref de se prendre pour un héros. Et, à l'opposé, c'est aussi ce sommet-là qui, plus que n'importe quel autre, nous donne des leçons d'humilité et nous met à l'épreuve avec des rappels parfois sévères à l'ordre des choses. Pour ceux qui se confrontent à cet extrême, fait de limites et parfois de mort, l'Everest suscite des comportements à l'image de sa démesure. Et l'histoire de cette montagne légendaire, où des corps abandonnés jalonnent aujourd'hui la voie d'ascension, révèle à elle seule toutes les dimensions de la nature humaine, entre noblesse et désolation.

Si aujourd'hui le temps a passé, polissant les souvenirs, chaque expérience effaçant un peu la précédente, je n'ai jamais pu tirer un trait sur cette dualité de sentiments à la fois exceptionnels et tragiques…

La haute altitude est donc un monde pour les amateurs d'aventure qui aiment repousser leurs limites. Avez-vous encore quelques conseils ?

C'est un terrain « de jeu » idéal pour ceux qui aiment se lancer des défis, à condition de bien en connaitre les mécanismes, les risques et les consignes à respecter. L'air en effet se raréfie au fur et à mesure que l'on grimpe en altitude. Le souffle se fait court dans l'effort, la progression doit ralentir. Le rythme cardiaque, lui, s'accélère. C'est en réalité la pression atmosphérique et par corollaire la consommation maximale d'oxygène qui baissent lorsque l'on monte. Nos capacités physiques sont ainsi réduites à 70 % au sommet du mont Blanc, à 4 807 mètres, et à 20 % seulement au sommet de l'Everest, à 8 848 mètres. Et si le manque d'oxygène y est l'une des contraintes majeures, le froid y est aussi plus mordant, l'air y est plus sec, les rayonnements solaires y sont plus agressifs, le vent y est plus violent.

L'organisme alors s'adapte. Le débit sanguin augmente avec une multiplication de globules rouges fabriqué par le corps pour transporter davantage d'oxygène vers les organes et les tissus. La période d'acclimatation dure de quelques jours à trois semaines avec des règles qu'il est fortement conseillé de respecter, comme ne pas monter trop vite trop haut, ou encore monter haut et dormir bas. Sans une bonne adaptation à cet environnement hostile à la vie, l'alpiniste s'expose à des problèmes dont le plus courant est le mal aigu des montagnes (MAM), ou plus graves et potentiellement mortels tels que l'œdème pulmonaire ou cérébral.

Propos recueillis par Jean-Bernard PAILLISSER

Acclimatation/Acclimatement : Selon certains physiologistes et/ou spécialistes de la montagne, l'acclimatation est nécessaire pour une altitude de 1 500 à 2 000 mètres. L'acclimatement de l'organisme, mot vieilli, débute au-delà de cette altitude.

Acidification (du sang) : Acidose.

Acidose (dans le sang) : L'acidose métabolique est un trouble de l'équilibre acido-basique correspondant à une diminution du pH sanguin (< 7,38) liée à une augmentation d'acidité (H+) dans le sang et à une diminution du taux de bicarbonate (HCO3-) plasmatique.

Aérobie : Se dit de l'ensemble des réactions chimiques d'un organisme se produisant en présence d'oxygène (Larousse).

Anaérobie : Se dit de l'ensemble des réactions chimiques d'un organisme se produisant en l'absence d'oxygène (Larousse).

Cytokines pro-inflammatoires : Petites molécules (protéines) jouant le rôle de messagers au niveau du système immunitaire et pouvant favoriser une réponse inflammatoire.

Fréquence cardiaque maximale (FCM) : Rythme maximum (nombre de battements par minute) que le cœur peut atteindre lors d'un effort. Avec la VMA, la FCM est un indicateur pour l'élaboration de plans d'entraînement.

Glucose exogène : Glucose issu de l'alimentation (par opposition à celui qui peut être libéré par le foie et les muscles à partir des réserves de glycogène).

Glycation : Il s'agit de la fixation d'un sucre sur une protéine. Ce phénomène complexe contribue au vieillissement accéléré et entraîne entre autres des troubles métaboliques (il est impliqué dans le diabète, par exemple).

Hypobarie : Baisse de la pression atmosphérique.

Hyponatrémie : Il s'agit d'une diminution de la concentration en sodium (Na) dans le plasma sanguin (< 136 mEq/L). Chez les sportifs, on parle d'hyponatrémie d'effort. Elle est liée à un excès d'hydratation avant et pendant l'effort.

Ischémie-reperfusion : Il s'agit d'un phénomène d'hypoxie (privation d'oxygène suite à une interruption ou une nette diminution de l'irrigation vasculaire), suivi d'un phénomène de réoxygénation lors de la reperfusion (retour d'une vascularisation normale) du tissu ou de l'organe touché.

Lactatémie : Il s'agit du taux de lactate sanguin. Les lactates sont des produits issus de la dégradation du glucose par l'organisme. Le taux de lactate dans le sang peut être utilisé comme un indicateur de l'intensité de l'effort.

Oxymétrie de pouls : Mesure médicale permettant de connaître la saturation en oxygène de l'hémoglobine au niveau des capillaires sanguins (souvent réalisée au bout du doigt).

Puissance maximale aérobie (PMA) : Quantité de travail maximale (exprimée en Watts) produite par unité de temps, en présence d'oxygène (mesure très utilisée dans le cyclisme).

Seuil lactique : Moment où il y a rupture entre le niveau de production des lactates et la capacité de l'organisme à les éliminer ; ce point est caractérisé par l'augmentation du taux de lactate sanguin.

Sous-maximal (exercice) : Exercice dont l'intensité ne permet pas d'atteindre la fréquence cardiaque maximale ou une fraction donnée de la VMA. Cet exercice estime les capacités d'endurance du sujet.

Sous-maximale (épreuve) : Épreuve se déroulant à une intensité ou à un pourcentage de la VMA (ex : 80-90 % de VMA) ou de la fréquence cardiaque (ex : 80 % de la FCM).

Transduction : Mécanismes de communication entre les cellules pouvant être de différentes natures (chimiques, mécaniques, électriques...).

VMA : La vitesse maximale aérobie est l'équivalent de la puissance maximale aérobie, mais elle s'exprime en km/h (mesure très utilisée en course à pied). C'est la vitesse de course à laquelle le coureur atteint sa consommation maximale d'O_2.

VO_2max : Il s'agit de la consommation maximale d'oxygène. Elle s'exprime en ml de O_2/kg/min. C'est un paramètre physiologique clef de la performance dans les sports d'endurance. La puissance ou la vitesse maximale aérobie est atteinte à VO_2max.